말과 마음 사이

말과 마음 사이

이서원 지음

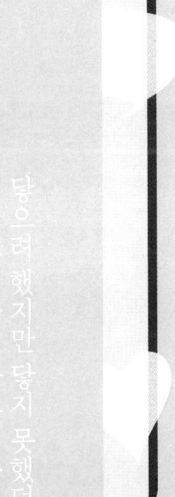

닿으려 했지만 닿지 못했던
우리를 위한 관계수업

샘터

프롤로그

사람 사이의 세 가지 길

　사람과 사람의 만남은 소중하지만 어려운 일입니다. 사람을 만나 기쁨을 느끼기도 하지만 괴로운 일도 많습니다. 저는 23년째 사람들을 만나 상담하는 일을 하고 있습니다. 대부분 가족이나 친구 등 가까운 사람과의 갈등으로 가슴앓이 하는 분들입니다. 오해와 섭섭함 등 여러 복잡하고 침울한 감정들을 짊어진 분들이 찾아옵니다.
　오랫동안 그런 분들을 만나 이야기를 듣다 보니 사람들은 세 가지 길에서 방향을 잃고 힘들어 하는 것으로 보였습니다. 그것은 말 길, 마음 길, 사이 길이었습니다.
　사람과 사람의 관계는 말로 시작되어 말로 마무리됩니다. 그래서 잘못된 말 길을 가면 말로 상처를 주고 말에 상처를 입습니다. 곱게 말하고 듣는 길이 있는데, 그 길을 벗어나면 관계 자체가 힘들어집니다. 힘들어 하는 사람들은 먼저 말이 좋지 않았습니다. 처음 건네는 말부터 솔직함을 내세운 가시 돋친 말이라면 편안하고 솔직한 대화가 이어지기 어렵습니다. 남이 해주는 말도 편하게 받지를 못합니다. 말이 오가는 말 길이 순탄하지 않으니 만남이 힘겹습니다.

 말 길이 좋다 해도 마음 길이 엉뚱한 곳을 향한다면 사람에게 다가갈 수 없습니다. 꼬인 마음을 가졌다면 아무리 좋은 말을 해도 상대는 금방 알아차립니다. 부드럽게 말해도 욕을 먹는 사람이 있고, 거칠게 말해도 환영받는 사람이 있습니다. 말 길보다 더 중요한 것은 마음 길입니다. 상대에 대한 마음이 풀리거나 정리되지 않으면 말은 공허해질 뿐입니다.

 마지막으로 사람과 사람 사이를 연결하기도 끊기도 하는 사이 길이 있습니다. 사람의 마음은 모두 다르면서도 대부분 비슷하게 느끼고 생각하는 부분이 있습니다. 그것을 모르면 아무리 말이 부드럽고 마음이 순수하다 해도 관계가 원만하지 못합니다. 일출을 보려고 동해로 가지 않고 서해로 가는 것과 같다고 할까요. 말도 잘하고 마음도 좋은데 내 말을 오해하거나 내 마음을 몰라주어 속상합니다. 애초에 서로가 알고 있는 사이가 다르기 때문이죠. 우리 사이 친구 사이인 줄 알았는데, 그냥 아는 사이일 수도 있습니다. 그래서 사이 길을 아는 것이 중요합니다.

 우리는 나를 힘들게 하는 사람에게 하고 싶은 말이 있습니다. 하지만 나의 확신이 그릇되었음을 알 수 있는 지혜도 필요합니다. 말은 마음을 다 담지 못하고, 마음은 말을 미처 따라가지 못합니다. 말과 마음이 같지 않다 보니 우리는 그 사이에서 관계를 고민합니다. 그렇게 사람과 사람은 말과 마음 사이에서 만나고 헤어지며 살아갑니다.

말, 마음, 사이. 이 세 길이 우리 삶의 모든 길은 아니겠지만, 이 길을 걷지 않는 사람 또한 없습니다. 부족하나마 세 가지 길을 하나씩 살피며 제가 알게 된 것과 경험을 나누고자 합니다. 이 책이 좀 더 평안한 길로 가는 데 도움이 된다면 좋겠습니다.

2018년 5월
이서원

차례

프롤로그　사람 사이의 세 가지 길　5

1부 말

그럼 니가 해줘　15
서울역 안 가세요?　20
아픈 말은 힘이 세다　24
발렌타인 17년산　29
Y 대화법　33
잘못한 사람을 대하는 방법　37
누구나 할 수 있는 말　41
내려가는 대화　46
욕하는 사람, 욕먹는 사람　49
올 더 타임　54
뻔하니까　60
안 갔네와 못 갔네　64
냉장고말 보일러말　68
너만 힘들어?　72
과묵과 침묵 사이　75
제대로의 힘　79
사람을 대하는 방법　84
특별한 예물　89
거짓말하는 남편 고치기　94

2부 마음

사랑의 예술 103

관심과 간섭 108

성질 급한 사람이 손해 보는 이유 113

얼룩말의 마음 117

어떻게 나한테 이럴 수 있어 120

조금만 더 124

빈자리 심리학 127

집요함과 고집불통 131

참아서 울컥, 참다가 벌컥 135

남편 외도에 화가 나는 이유 139

불행의 미덕 143

블랙아이스 147

지금 어디야? 151

내밀 명함이 없어질 때 155

혼자서도 행복한 인생 159

사랑하면서 현명해질 수는 없다 163

쫓기듯 쉬는 사람들 167

목적이 없어서 행복하다 170

3부 사이

인생사 6:4 177
누름과 솟음 181
당함과 입음 186
캐나다에서 나무 심기 191
남 위해 하는 일은 오래 못 간다 194
악은 선으로 갚는 게 아니다 198
버거운 짐을 지우면 부모가 아니다 203
어머니와 다른 아버지의 사랑 207
모든 것이 사라졌을 때 나는 누구인가 210
새 세상은 새 시선 214
반응하는 사람과 대응하는 사람 219
선택의 이유 223
세월이 주는 기품 228
안 때리는 나라의 공통점 231
아동학대예방센터와 아동보호전문기관 234
나에게도 좋은 사람이 나인가 238
남보다 못한 형제 243
조금만 더, 이제 그만 247
보는 것과 하는 건 다르다 251
블랙 앤 화이트 255
직선인생 곡선인생 260
안 본 것과 못 본 것 264
같은 성공 다른 격 268

1부

말

닿지 못했던 말에 관하여

그럼 니가 해줘

　어린 딸을 키우는 맞벌이 부부가 있었습니다. 딸은 아침마다 엄마와 다투었습니다. 엄마가 아침에 차려주는 밥을 딸이 잘 먹지 않기 때문이었습니다. 아빠가 딸의 입장에서 생각해보니 나 같아도 이런 맛없는 아침밥은 먹고 싶지 않겠다 싶었습니다. 안 먹으려는 딸과 먹이려는 엄마 사이의 다툼을 보다 못한 아빠가 어느 날 참지 못하고 결국 한마디 했습니다. "맛있게 좀 해줘 봐." 순간, 얼음. 아내의 얼굴빛이 싹 바뀌어 있었습니다. 아내의 화살은 곧바로 남편에게 날아갔습니다. "그럼 니가 해줘."

　더 말했다간 딸 앞에서 싸움이 나겠다 싶어 남편은 입을 꾹 닫았습니다. '지가 맛없게 해서 애가 안 먹게 해놓고 왜 애를 날마다 잡아!'라는 소리가 목구멍까지 올라왔지만 입 밖으로 낼 수는 없었습니다. 그런 말도 못 하는 자신이 한심해서 숟가락을 놓고 째려보는 아내의 눈길을 피했습니다. 출근하면서 정말 아내에게 이렇게 할 말도 못하고 참고 살아야 하나 싶어 점점 화가 났습니다. 그러자 아내가 차려준 지금까지 밥상이며 맛없는 반찬들이 하나둘 떠오르기 시작했습니다. 그리고 처갓집에 갔을 때 장모가 차려주던 반찬도 맛이 없었다는 데까지 생각이 거슬러 올라갔습니다. '그래, 그 어머니에 그 딸이지. 내가 뭘 바라겠어.' 그런 서글픈 생각까지 들었습니다.

자기도 모르게 한숨을 휴우 하고 쉬었습니다만 속이 풀리기는커녕 더 답답해졌습니다. 남들도 이러고 사나 싶고 이러려고 결혼했나 하고 후회하는 마음까지 생겼습니다. 이런 사소한 일로 아침부터 기분을 조절 못 하는 자신도 좀팽이처럼 느껴져 싫었습니다. 하루 종일 기분이 좋지 않았습니다. 오후쯤 되자 내일 또 딸과 아내가 같은 문제로 다투면 어찌 해야 하나 하는 생각에 난감합니다. 그러면서 도대체 내가 뭘 잘못한 건가, 아무리 생각해도 알 수가 없어 막막해집니다.

부부는 사소한 일 때문에 틈이 생깁니다. 그 틈이 점점 더 벌어져 정이 떨어지고 사느니 못 사느니 합니다. 북한 핵문제 때문에 싸우는 부부가 없고 중동 문제와 국내 정세 문제로 싸우는 부부도 없습니다. 아침에 밥 안 먹는 딸과 그런 딸에게 신경질을 내는 엄마 그리고 그걸 보며 화를 내는 아빠처럼 지극히 사소해 보이는 문제 때문에 다투고 싸웁니다. 그래서 '우리 부부는 무슨 큰 일로 싸우는 것도 아니에요. 아주 사소한 것 때문에 싸워요' 하는 이야기를 전국의 부부들이 판박이처럼 하는 것이지요.

그런데 정말 딸이 아침을 안 먹는 문제는 사소한 것일까요. 사실은 그렇지 않습니다. 아주 큰 문제입니다. 여기에는 딸의 식성과 엄마의 스트레스, 처가의 음식 문화, 아빠의 스트레스, 엄마와 아빠의 소통방식에 이르기까지 굵직굵직한 이슈가 모두 포함되어 있습니다. 이런 주제들이 모두 응축된 아침의 딸과 엄마의 다툼을 어찌 사소하다고 할 수 있겠습니까. 사소해 보인다 해도 해결하려면 실은 이 문제가 사소한 문제가 아니라 크고 중요한 문제라고 보는 시각의 전환이 필요합니다. 그 후 중요한 이 문제에 어떻게 접근할 것인지, 모든 지혜를 짜내야 합니다. 마지막으로 떠오른 지혜를 적절히 상황에 적용하는 마무리 조치가 이루어져야 합니다.

아내와 남편은 맞벌이 부부입니다. 그러다 보니 아침은 가장 신경이 예민한 시간입니다. 특히 아이 아침을 먹이는 엄마로서는 여간 스트레스를 받는 것이 아닙니다. 굶기는 것도 아니고 딴에는 아이 먹으라고 이것저것 차리는데 번번이 먹지 않으면, 그러지 않아도 바빠 죽겠는데 혈압이 오릅니다. 남들은 차려주면 차려주는 대로 잘 먹기만 한다던데 우리 애는 왜 이렇게 까다로운지 짜증이 납니다. 그래서 딸에게 좀 먹으라고 자꾸 싫은 소리를 하게 됩니다. 그런데 남편이 옆에서 "좀 맛있게 만들어줘" 하는 소리를 하니 소위 뚜껑이 열리는 겁니다.

바쁜 시간 쪼개서 차려주는 것만 해도 어딘데 거기다 대고 찬밥

더운밥 가리는 소리를 하고 있으니 남편이 아이보다 더 미워지는 겁니다. 더구나 같이 맞벌이를 하는 처지라 더 속이 상합니다. 돈이라도 잘 벌어 오면 내가 워킹맘으로 이 고생을 하겠나 싶어 속에서 불덩이가 확 치밀어 오릅니다. 때리는 시어머니보다 말리는 시누이가 더 밉다더니 이런 경우를 두고 하는 말이구나 싶어 남편 보기가 싫어집니다.

남편이 알았어야 하는 원리는 한 가지입니다. 부부는 서로 자기를 알아달라는 싸움을 한다는 것입니다. 아내가 바란 것은 아침에 딸 밥까지 신경 써야 하는 자신을 좀 알아달라는 것입니다. 그런데 남편은 엉뚱하게 딸의 처지와 마음을 알아주었습니다. 그러니 싸움이 날 수밖에 없습니다. 이럴 때는 말 한마디만 다르게 하면 아내 마음이 풀립니다. 이렇게 말하면 됩니다. "우리 딸 입이 짧아서 어쩌지." 그러면 끝입니다. 거기에 조금 더 보태면 금상첨화입니다. "우리 엄마가 내가 어릴 때 입이 짧았다던데 내 피가 얘한테 간 건가." 아내는 이런 남편을 미워할 수 없습니다. 자기 고생한 것을 고스란히 알아주는 말이기 때문입니다.

남편이 내 고생을 알아주는구나. 그리고 애 입이 짧은데 내가 신경을 덜 썼나 보다 하는 마음이 들 수도 있습니다. 엄마가 고생한다. 그러니 네가 좀 입에 안 맞더라도 먹어라 하면 아내는 자신을 알아주는 남편이 고맙고, 안 먹는 아이에게 미안해 다른 방안을 생각할 수도 있을 것입니다. 그리고 감 놔라 배 놔라 할 것 없이, 남편이 직접 아이

음식을 준비해준들 어떻습니까.

  대한민국 아내들은 남편들이 이런 원리를 모른다는 것이 이해되지 않겠습니다만 정작 이런 원리가 있는 줄도 모르는 사람이 대부분이니 이를 어쩌면 좋겠습니까. 남자들이 군대 가면 달달 외우게 하는 복무신조가 있습니다. 그걸 외우지 못하면 호되게 혼나기 때문에 반드시 외워야 합니다. 결혼할 때도 부부수칙을 외우도록 해야 하지 않을까요. '부부는 서로 자기를 알아달라고 싸운다.' 이것이 첫째 항목입니다.

서울역 안 가세요?

"서울역 안 가세요?"

'아차!' 했을 땐 이미 입 밖으로 말이 나간 후였습니다. 아침 일찍 부산으로 내려가는 KTX를 타려고 집 앞에서 택시를 타고 "서울역 좀 가주세요" 하고 가는데 평소 가지 않던 길로 접어들자 순식간에 튀어나온 말이 "서울역 안 가세요?"였습니다. 기차시간은 임박했는데 택시가 먼 길로 가려는 것 같아 조바심이 났고 기사님에게 짜증이 났습니다. 그러면서 나온 말이 안 가세요라는 날이 서고 부정적인 말이었습니다.

"저쪽엔 신호등이 많아서 자칫하면 늦을 수도 있습니다. 이 길로 가면 신호 없이 가고, 거리는 조금 늘어도 늦을 위험은 없을 거예요." 기사님의 긴 설명이 따라 나왔습니다. 속으로 '아이고 말을 조금 더 잘할걸' 싶었지만 이미 말한 터라 어쩔 수 없었습니다. 말이란 본시

안에 있을 때는 내 통제하에 있지만 밖으로 나오면 말이 나를 통제하는 법입니다.

함께 상담을 진행했던 선생님이 겪으신 일을 들은 적이 있습니다. 손주가 어디서 배운 적도 없는데 아침밥이 늦자 "할머니, 밥 안 줘?" 하더라는 겁니다. 선생님은 "얘야, 밥 주세요 해야지. 그렇게 말하면 할머니가 밥을 안 주고 싶어져" 하고 말씀해주셨답니다. 그 후에도 이런 비슷한 일이 여러 번 반복되다 보니 사람은 원래 이렇게 말하는 존재인가 하는 의문과 회의가 들었다고 합니다.

말 앞에 '안'이라는 글자 하나가 붙으면 듣는 사람의 감정을 상하게 하는 말들이 주르르 따라옵니다. 안 먹어? 안 자? 안 가? 안 할 거야? 안 들려? 안 볼 거야? 가만 생각하면 "밥 안 줘?"라고 말한 여섯 살 아이와 "서울역 안 가세요?"라고 한 오십 넘은 저는 완벽하게 같은 패턴을 보이고 있습니다.

그런데 왜 말할 때 '안'으로 시작하면 듣기가 힘들어질까요? 사람이 가지고 있는 근원적인 공포와 두려움을 건드리는 말이기 때문입니다. 사람은 누구나 버려지는 것에 대한 두려움과 거부되는 것에 대한 두려움을 가지고 있습니다. '안'은 거부와 부정의 의미를 품은 말입니다. 그러다 보니 '안 된다'로 대표되는 거부의 의미를 상대에게 전합니다. 이는 뿌리 깊은 거부의 두려움을 건드립니다. 그래서 안 뒤에 따라오는 말을 듣기도 전에 싫은 마음이 들게 됩니다. 또한 '안'이라는 말을 쓰는 상대에게 저항감을 가지게 합니다.

이런 걸 보면 사람은 태어날 때 미약한 어근, 즉 말 뿌리를 가지고 태어나는 것 같습니다. 태어날 때부터 말을 예쁘고 아름답게 잘하는 사람은 없습니다. 아이들을 키우면서 아이가 어떤 부모와 접촉하는가, 어떤 친구와 만나는가, 어떤 선생님에게 배우는가에 따라 말투와 톤 그리고 쓰는 말이 달라집니다. 아이들이 자라면서 보고 그대로 배우는 대표적인 행위가 말입니다. 그러다 보니 아무리 잘생긴 사람도 5분만 말해보면 정나미가 떨어지기도 하고, 못난 사람도 없던 정이 붙기도 합니다.

말은 마음의 얼굴이므로 말이 고운 사람은 속마음이 곱습니다. 내면의 아름다움이 진짜 아름다움이란 것을 살아갈수록 더 절실히 느끼게 됩니다. 결국 약한 어근이 좋은 물과 거름 속에서 자라면 배려의 말, 상냥한 말, 따뜻한 말이란 열매를 맺지만 잘못 자라면 침묵, 날이 선 말, 아픈 말을 하는 가시를 맺는 듯합니다.

좋은 말을 배우는 것은 외국어를 배우는 것과 비슷합니다. 외국어는 익숙하게 쓰던 모국어와 달라서 배우기가 어렵습니다. 반면에 모국어는 감정까지 편하게 표현할 수 있는 말입니다. 익숙하고 편하다 보니 내키는 대로 쏟아내는 공격적이고 원초적인 말이 될 수도 있습니다. 외국어는 필요에 의해 배우는 말이며, 상대와의 관계를 아름답게 만들기 위해 더 신경 쓰고 노력하게 되는 말입니다. 그런 외국어를 가르치는 주강사는 부모입니다. 그리고 가까운 어른들입니다. 그러다 친구, 사회 사람들로 변화합니다.

강사들의 가르침은 외국어 구사의 첫 번째 조건입니다. 그런데 외국어 학원을 다녀본 사람이면 누구나 알고 있듯이 배우기만 하고 혼자 연습하여 내면화하는 과정을 거치지 않으면 말짱 헛수고입니다. 스스로 좋은 말을 다른 사람에게 건네고, 돌아오는 따뜻한 반응을 느끼면서 자주 연습하고 내 것으로 만드는 과정이 필요합니다. 따라서 좋은 말이란 가까운 사람들이 반복해서 넣어주고, 나라는 학습자가 열심히 입 밖으로 내는 연습을 거쳐 나오게 되는 새로운 외국어입니다. 그런데 급할 때나 짜증이 날 때 서울역 가는 길에 기사님에게 하듯 무심코 모국어가 나옵니다. 좋은 말을 배우고 익혀 이런 긴박한 순간에도 고운 말이 나온다면 그는 이미 완벽한 외국어 구사자라 하겠습니다.

아침의 택시 기사님과 대화를 나누고 맑은 깨침을 얻었습니다. 택시는 평소보다 서울역에 5분쯤 더 걸려 도착했고, 요금도 조금 더 나왔지만 저는 환하게 웃으며 택시에서 내릴 수 있었습니다. 미약한 어근과 외국어. 택시에서 배운 두 가지 깨우침이었습니다. 언젠가 저도 외국어에 능숙한 사람이 될 수 있겠죠.

아픈 말은 힘이 세다

　모처럼 후배가 점심을 먹으러 왔습니다. 저도 처음 가보는 동네 일식집에서 메밀 소바를 시켰습니다. 소바가 나왔는데 한눈에 봐도 보통의 소바와는 면 상태가 달라 보였습니다. 플라스틱으로 만든 모형처럼 딱딱해 보였습니다. 후배가 한 입 먹어보더니 딱딱하다고 했습니다. 그때 옆에서 듣던 주인아주머니가 불쑥 다가와 설명하기 시작했죠.
　"원래 일본의 전통 소바는 메밀 전분을 80퍼센트 이상 써요. 그래서 면이 딱딱하거든요. 이런 걸 모르는 한국 분들은 이게 잘못된 줄 아시는데요. 이게 제대로 된 거예요. 저희는 일본 전통식으로 만듭니다. 아시고 잘 드세요."
　설명을 듣고 멍해진 후배와 저는 서로의 얼굴을 쳐다보았습니다. 아시고 잘 드세요라니. 솔직히 기분이 나빴습니다. 참다못한 제가 후

배에게 말했습니다. "여기가 일본이야? 그리고 우리 입맛이 이상하다는 거야?" 후배가 맞장구를 쳤습니다. "그러니까요. 제 말이요."

주인아주머니의 자부심이 지나쳐 자만심이 된 건 아닐까요. 자부심이 있었다면 손님을 자기 식당의 음식에 적응시키려 할 게 아니라, 음식이 손님에게 맞기를 바라야 하지 않을까요. 정말로 자부심이 있는 주인이었다면 "일본에서는 이렇게들 드셔서 저희 식당에서도 그대로 만들어보았는데 손님 입맛에 맞으실지 모르겠네요. 한번 맛보아 주십시오"라고 하였을 것입니다. 그런데 먹는 사람이 잘 몰라서 그런 것이니 앞으로는 잘 알고 먹으라고 했습니다. 이는 나를 높이느라 손님을 낮추는 말로 자만심에서 나왔다고 보아야 합니다.

자만심은 타인에 대한 폭력이 되기 쉽습니다. 후배와 저는 주인의 거만한 말에 폭력을 당해서 기분이 나빴던 것입니다. 여기서 더 큰 문제는 주인아주머니가 자기 말에 아무런 문제의식을 느끼지 못한다는 것입니다. 무심코 하는 말이라도 아픈 말은 힘이 있습니다. 그래서 듣는 사람에게 상처를 입힙니다. 상처는 생각보다 오래 지속됩니다.

제가 대학생이던 시절에 남학생들은 교련 수업을 받았습니다. 군사교육을 의무적으로 받아야 했지요. 1학년 때는 인근 군부대에 일주일간 입소하여 병영 생활을 체험해야 했습니다. 돌아보면 그때 어떤 훈련과 교육을 받았는지 기억나는 게 없습니다다만 한 가지 잊히지 않는 시간이 있습니다. 교관이 20명의 친구들이 함께 쓰는 내무반으로 들어오더니 하얀 종이 한 장씩을 나누어 주고 이름을 종이 중간에 쓰도록 했습니다. 그리고 옆 친구에게 돌리도록 했습니다. 이름이 적힌 친구의 단점을 무기명으로 하나씩 쓰라고 했습니다. 처음에는 재미있겠다는 표정으로 친구들의 단점을 써나갔습니다. 한 바퀴가 다 돌고 자신의 이름이 적힌 종이를 모두 받았습니다. 자신을 뺀 19명이 써준 자신의 단점을 보게 된 것이지요.

　잠시 정적이 흘렀습니다. 자신의 단점을 읽던 친구들의 얼굴이 일그러지는 데는 그리 오랜 시간이 걸리지 않았습니다. 제 종이에도 빼곡히 19개의 단점이 적혀 있었습니다. 눈매가 기분 나쁘다, 말하는 게 밉상이다, 이기적인 얼굴이다, 혼자 똑똑한 척한다 등 단점이 길게 이어져 있었습니다. 읽을수록 기분이 나빠지고 화가 났습니다. 도대체 어느 녀석이 엉터리로 나를 모함하고 욕하는지 알고 싶어졌습니다.

　군부대 내무반은 대학에 입학하고 몇 달 지나지 않아 첫 단체 생활을 했던 곳입니다. 그곳의 추억은 충격과 친구들에 대한 분노로 얼룩졌습니다. 모두의 얼굴이 어두워졌습니다. 그리고 나머지 생활은 지옥 같았습니다. 서로 협력이 되지 않았고 불신이 가득했으며 미움이 넘쳤습니다. 저 녀석이 분명 그걸 썼을 거야, 추측하고 미워하는 데 대부분의 시간을 보냈습니다. 함께 일주일간 생활하면 더 친해져서 나올 거라는 기대와 달리 퇴소하는 내내 냉랭하기만 했습니다. 지금 생각하니 관계에 대한 교관의 무지가 불러온 참극이었습니다. 교관은 솔직함과 무례함을 구분할 능력이 없는 사람이었습니다. 솔직함은 칭찬일 때 의미가 있습니다. 그것이 비난과 지적일 때는 즉시 무례함으로 변합니다. 부정적인 메시지를 상대에게 솔직하게 전하는 것은 어리석은 행위입니다. 상대의 마음을 헤아려보는 침묵의 필터를 거쳐 나와야 비로소 좋은 효과를 거두게 됩니다.

교관은 단점을 지적당하면 개선할 것이라 믿었다는 점에서 순진한 사람이었고, 솔직히 말해주는 것이 좋은 의사소통이라 믿었다는 점에서 무지한 사람이었습니다. 그 결과 같은 내무반을 썼던 친구들은 졸업할 때까지 서먹한 관계를 청산하지 못했습니다. 아픈 말이 가진 힘은 몇 년간 지속되었습니다. 무서운 일이 아닐 수 없습니다. 단 한 마디씩 비난했을 뿐인데 그 힘은 질기고도 강했습니다.

우리는 자라면서 내 말이 상대에게 어떤 상처를 주고 힘을 가하는지 배우지 못했습니다. 학교에서도, 집에서도 말의 힘과 방법을 알려준 사람이 없었습니다. 스스로 남에게 상처를 받은 후에야 이렇게 말하면 안 된다는 것을 깨달아가는 것이 유일한 방법이었습니다. 그러다 보니 상처를 받기도 하고 상처를 주기도 합니다. 순진하고 무지한 교관은 슬픈 우리들의 자화상이라 할 수 있습니다.

학교와 인생의 차이점이 있습니다. 학교는 무엇을 배운 후에 시험을 치르는데, 인생은 시험을 치른 후에 무엇을 배웁니다. 그런데 시험의 대가가 가끔 너무 아픕니다. 우리 삶에 지식학교만큼 필요한 것이 관계학교입니다. 관계학교의 필수과목은 남의 가슴 아프게 하는 말을 하지 않는 법을 배우는 것입니다. 거짓을 말하지 않으면서도 마음

상하지 않게 전하는 법을 배우는 것이지요.

　나이가 들었다고 자동으로 말을 잘하게 되지는 않습니다. 그 일식집 주인아주머니는 지금도 앞으로도 소바를 시킨 손님들에게 수준 미달의 입맛을 나무라겠지요. 그리고 왜 식당을 찾는 손님이 줄어드는지 이해하지 못하겠지요. 나 또한 그런 사람이 될 수 있으니 조심해야겠습니다.

발렌타인 17년산

집에 양주 한 병이 있습니다. 발렌타인 17년산입니다. 아들이 물었습니다.

"아빠, 발렌타인 17년산이 무슨 말이야?"

"그건 술 만든 지 17년 되었다는 말이야."

"만든 지 오래되면 더 비싸?"

"그럼 훨씬 비싸지."

"아빠, 이 술은 언제 샀어?"

"4년 전에."

"그럼 아빠 이제 21년산이네. 팔아!"

"승준아, 숙성실에서 조건을 맞춰 보관하지 않으면 10년을 보관해도 그냥 17년산이야."

숙성실의 조건이 뭐냐고 묻는 아들에게 그건 인터넷 아저씨에게 물어보라 했습니다. 아들 키우는 일도 술 보관하는 일과 다를 게 없다는 생각이 들었습니다. 부부가 화목하여 아이에게 엄마와 아빠 일에 신경 쓸 필요가 없도록 하는 것이 아이를 숙성시키는 숙성실의 기본 조건이라는 생각이 들었습니다. 거기에 더해 조건부 사랑이 아니라 무조건 사랑을 느끼도록 해주고 다른 사람에게 상처나 피해를 주지 않도록 반듯한 처신을 하게 한다면 남부럽지 않은 사람으로 숙성되겠구나 싶었습니다. 그러자 과연 아내와 저는 부모로서 제대로 된 숙성실의 역할을 했나 하는 반성을 하게 됩니다.

가축은 처음부터 가축이 아니었을 것입니다. 야생에 살던 동물을 집에 들이고 길들이다 보니 차츰 야생성을 잃고 사람과 함께 사는 동물이 되었던 것입니다. 길들이는 공을 들이지 않고서 저절로 가축이 되지는 않을 것입니다. 작은 텃밭에 채소를 심어도 사정은 마찬가지입니다. 잡초를 뽑고 고랑과 이랑을 만들어 정성껏 가꾸지 않으면 먹을 채소를 수확할 수 없습니다. 야생의 가축을 길들이는 공도, 채소를 가꾸는 노력도 양주의 경우로 이야기하면 숙성실에 해당합니다.

얼마 전 아들의 휴대폰이 고장 나서 서비스센터에 가려고 함께 택시를 탔습니다. 택시가 다가오기에 아들에게 같이 인사하자 하고 인사를 꾸벅하였습니다. 택시를 타니 걸걸한 아저씨가 운전대를 잡고 있었습니다. 기사님은 오래 운전을 했지만 아버지와 아들이 타기 전에 같이 인사하는 건 처음 봤다며 웃었습니다. 기사님은 기분이 좋아져 말문이 터졌습니다. 그런데 환갑은 몇 해 전에 넘겼을 그분의 입에서 거침없이 욕설이 나왔습니다. 아들과 저는 당황했습니다. 두세 마디 중에 한 마디는 욕이었습니다. 끼어드는 차를 보며 뭣 같은 새끼, 죽으려고 환장했나로 시작해 길 건너편의 취객을 보고는 영화에서 조폭이나 할 욕을 했습니다.

저와 아들이 들으라고 하는 생동감 넘치는 이야기들이었는데 거기엔 반드시 찰진 욕이 섞였습니다. 순간 화가 났습니다. 자기 앞에서 욕을 이렇게 심하게 하는 할아버지가 신기했는지 아들은 연신 저를 보고 기사를 보며 놀라워했습니다. 욕의 융단폭격을 맞고 아들과 내리는데 정신이 어질하였습니다. 아들이 말했습니다. "아빠, 운전사 똥이네. 왜 이렇게 할아버지가 욕을 해? 앞에는 손자 사진도 있고 손자가 잘생겼던데. 손자 앞에서도 저렇게 욕을 하겠지? 진짜 똥이네." "그러게 말이야, 사람이 나이만 먹었다고 어른이 되는 게 아니야. 욕을 하면 그건 애보다 못한 거야." 그렇게 말하면서도 어른들의 쓸쓸한 그림자를 미리 보여준 것 같아 찜찜했습니다.

휴대폰을 수리하고 돌아오는 택시를 타려고 하자 더럭 겁이 났습니다. 또 욕하는 택시를 타면 어쩌지? 아들과 조심스레 택시를 탔는데 안이 무척 깨끗했습니다. 아까 택시는 지저분하고 홀아비 냄새까지 폴폴 났는데, 이 택시는 관리가 무척 잘되어 보였고 아무런 냄새도 나지 않았습니다. 이 택시 뽑은 지 얼마 안 되나 봐요, 하는 제 말에 아저씨는 친절하게 일주일 정도 된 새 택시라는 설명을 해주었습니다. 우연인지 아까 탔던 욕쟁이 아저씨와 비슷한 연배로 보였습니다.

　기사님은 오는 길에 이런저런 이야기를 해주었습니다. 새 택시를 마련해보니 어떤 점이 좋고 어떤 점이 아쉽다면서 차근차근 친절히 설명해주었습니다. 그러면서 집에 차가 있느냐, 운전은 어떠한지 묻기도 하면서 시종 화기애애한 이야기를 이어갔습니다. 아들이 저를 쿡 찌릅니다. 쳐다보니 엄지를 세워 보이며 환히 웃고 있습니다. 택시에서 내린 아들은 고개를 꾸벅 숙여 "고맙습니다" 하고 인사했습니다. 말하지 않은 다음 말은 이랬을 것입니다. '욕하지 않아 주셔서.' 저도 어른 세계의 체면을 회복한 것 같아 다시 기분이 좋아졌습니다.

　나이만 먹었다고 어른이 아니라는 것을 진하게 배웠습니다. 아들에게도 산 교육이 되었을 것입니다. 굳이 설명하지 않았지만 환갑이 넘어도 거칠게 욕하는 사람이라면 아직 아이에 불과하다는 것을 아들도 깨달았겠죠. 열 살 때 욕을 하기 시작해 지금 예순 살이라면, 발렌타인 60년산이 아니라 발렌타인 10년산이 그저 50년을 보내고 있는 것입니다. 뒤에 탄 택시의 기사님은 비싼 발렌타인 60년산이라 할 수 있겠지요. 그러고 보면 사람은 자기 자신이 스스로에게 좋은 숙성실이 되어야 하는 존재입니다. 스스로 돌아보고 단점을 고치고 다듬어나갈 때 인격이 숙성되고, 관계가 조화로워지고 품격 있는 존재가 되어갑니다.

Y 대화법

　우리가 사는 세상이 수직선에서 수평선으로 변하고 있습니다. '갑질'이 뜨거운 감자가 된 것만 봐도 더 이상 일방적이고 부당한 수직적 소통을 받아들이지 않겠다는 흐름을 느낍니다.
　매일 얼굴을 마주하는 가족들의 대화에서도 그런 변화를 느끼고는 합니다. 〈무언가족〉이라는 TV 다큐멘터리를 본 적이 있습니다. 출연한 가족들은 서로 대화가 없었고 하더라도 상처를 주는 말이었습니다. 천장과 사방 벽이 하얀 방에 사이가 좋지 않은 사춘기 딸과 아빠가 등장하는 장면이 인상적입니다. 딸을 보자마자 아빠는 "신발이 그게 뭐냐. 한 번도 빨지 않았구먼" 하고 타박합니다. 그리고 "내가 너에게 못 해준 게 뭐냐. 해달라는 거 다 해주고 편하게 해주지 않았느냐"고 따집니다. 그러자 딸이 대답합니다. "저는 편하지 않았어요. 아빠가 편하다고 생각하는 거랑 제가 편하다고 생각하는 거랑 다른가

봐요."

짧은 장면이었지만 무엇이 문제인지 생각해보았습니다. 대화 방법이 문제였습니다. 이런 대화는 영어 알파벳 중 'I 대화'에 속합니다. 수직대화라는 의미입니다. I의 위쪽 작은 수평선은 아버지, 즉 수직선상의 윗사람을 의미합니다. 그리고 아래쪽 작은 수평선은 딸, 즉 아랫사람을 의미합니다. 윗사람의 생각과 감정은 여과 없이 아랫사람에게 내리꽂힙니다.

신발이 그게 뭐냐는 타박, 내가 너에게 못 해준 게 뭐냐고 따지는 것은 모두 아랫사람인 딸에게 일방적으로 내리꽂히는 수직선입니다. 예전에는 이런 내리꽂힘만 있었습니다. 부모는 말하고 자녀는 대꾸하지 않고 묵묵히 받아 삼키는 것이 효도요 순종이었습니다. 속으로는 화가 치밀어도 감히 말하지 못하였습니다. I 대화가 대세인 세상이었습니다.

그런데 세상이 변하면서 아랫사람이 가만히 듣고만 있지 않게 되었습니다. 예전에는 I의 아랫변에서 아무 반응이 없었고 침묵했지만 이제는 경우가 틀리다고 생각하면 위로 치고 올라옵니다. 자신은 편하지 않았고, 아빠와는 생각이 다르다는 딸의 말은 위로 치고 올라오는 소리입니다. 더 이상 일방적이고 부당한 말을 참지 않겠다는 의사를 분명히 밝힌 것입니다.

더 이상 I 대화가 통하지 않는 세상이 왔습니다. 이제 수직은 수평으로 굽어야 합니다. 그것이 'L 대화'입니다. 수직에서 수평으로 꺾인

모양이 L입니다. 아버지는 딸의 입장도 읽어주며 이야기를 해야 합니다. "밖에서 고생이 많았구나. 신발이 새까맣다"며 심정을 읽어주어야 하는 것이지요. 일방대화가 아니라 양방대화의 물꼬를 트는 대화입니다. 부모는 자식을 사랑하기 때문에 반 정도는 꺾일 수 있습니다. I에서 L로 변신할 수 있습니다.

이제는 L 대화에서 진일보한 'Y 대화'가 필요합니다. Y에는 왼쪽에서 내려오는 사선과 오른쪽에서 내려오는 사선이 있습니다. 두 사선이 만나 일직선으로 내려옵니다. 왼쪽에서 내려오는 사선을 아버지의 시선이라고 한다면 오른쪽에서 내려오는 사선은 딸의 시선이라고 보면 됩니다. 아래의 일직선은 두 입장을 모두 수용하는 통합적 시선 혹은 입장입니다.

결국 아버지가 자신의 입장뿐 아니라 딸의 입장도 수평하게 보고 통합해야 한다는 말입니다. 아버지는 딸에게 이렇게 말할 수 있습니다. "네가 밖에 나가 힘들었나 보다. 운동화가 새까맣구나. 집 나가면 고생이라고, 네가 나랑 마음이 안 맞아 집을 나가 고생이 많다." 이것은 딸의 입장과 마음을 헤아려주는 Y의 첫 번째 대화입니다. 두 번째로 이제 아버지의 심정을 말해줍니다. "집에 있으면서 이 아빠 마음도 편하지 않더라. 뭘 먹어도 먹은 것 같지 않고 한숨만 나오더라." 이제 세 번째로 통합하여 말합니다. "어떻게 하면 좋을지 막막하다만 찾으면 방법이 있지 않겠니. 그래서 오늘 너를 보자고 했다."

이것은 서로가 상대의 입장을 먼저 살펴준 후, 내 입장을 말하고,

서로 가장 좋은 방법을 찾자고 제안하는 방법입니다. 일방적인 대화가 아니라 쌍방향 대화이고, 함께 나아지는 대화인 것이죠. 관계 회복과 유지에 가장 적절한 대화이기도 합니다. 수직에서 수평으로 다시 통합으로 바뀌어가는 대화가 이 시대에 요구되는 사랑의 대화입니다.

잘못한 사람을 대하는 방법

고등학생 아들이 오토바이를 훔쳤다가 경찰에 잡혔습니다. 아버지는 피해자 가족을 만나 합의금을 주고 합의하고, 경찰서에 가서 아들을 겨우 풀려나게 한 후 근처 식당에서 아들과 마주 앉았습니다. 고개를 숙인 아들에게 다짜고짜 아버지가 물었습니다. "야, 너 오토바이 훔치고 싶어서 훔쳤어?" 그러자 아들이 답했습니다. "아니요." 아버지가 다시 물었습니다. "호기심에 훔쳤지?" "예." 마지막으로 아버지가 아들에게 말했습니다. "앞으로는 훔치고 싶을 때 훔쳐, 알았어?" 아들은 아무 말도 하지 못했습니다. "국 식어. 얼른 먹어." 이런 대화 후 아들은 다시는 남의 물건에 손을 대지 않았습니다. 아들은 커서 도둑을 잡는 경찰이 되었습니다.

아들이 오토바이를 훔쳤을 때 얼마나 많은 아버지가 이렇게 말할 수 있을까요. 말투는 직설적이고 거칠어 보이지만 마음으로는 온유하게 아들을 대한 것입니다. 아들의 존재를 인정해주고, 아들의 원래 심성도 믿어주었기 때문입니다. 자식이 잘못을 저질렀을 때 온유하게 대하기는 어렵습니다. 온유하다는 것은 겉으로 드러난 말이나 행동으로 판단할 수 없습니다. 사람을 대하는 태도로 판단이 가능합니다.

  잘못한 사람을 대하는 네 가지 유형이 있습니다. 가장 많은 사람이 상대의 잘못에 분노, 즉 화를 냅니다. 오토바이를 훔친 아들에게 불같이 화내고 도둑질한 것을 나무라며 마구 때린다면 화를 내는 것입니다. 다시는 오토바이를 훔치지 마라, 한 번만 더 훔치면 쫓아내겠다는 위협 등이 여기에 속합니다. 그런데 잘못한 사람이 분노에 직면하면 자신의 잘못을 뉘우치고 다시는 그 행동을 하지 않을까요. 그렇지 않습니다. 오히려 반발하고 적개심을 가질 수도 있습니다. 자신이 그렇게 행동할 수밖에 없었던 원인이나 상황을 전혀 헤아려주지 않고 결과만 나무라기 때문입니다. 그래서 혼내는 부모, 화내는 사람과는 사이만 서먹해지고 정작 문제는 해결되지 않습니다. 그런 점에서 분노하고 화를 퍼붓는 것은 화를 내는 사람에게나 잘못한 사람에게나 별 도움이 되지 않습니다. 그런데도 누군가 잘못하면 화를 내고 나무라는 방법을 가장 많이 씁니다.

  두 번째 유형의 사람들은 슬퍼합니다. 아들이 오토바이를 훔친 사실에 부모로서 몹시 괴롭고 슬픈 마음이 들어 눈물을 흘립니다. 이미 벌어진 일은 어쩔 수 없다고 여기는 것이 슬퍼하는 행동입니다. 화보다는 한 단계 성숙한 태도입니다. 우리가 제대로 아이를 키우지 못해서 저러나 보다 하고 반성하는 것도 이러한 슬픔에 속합니다. 우리 부부 사이가 원만치 못하니까 아이가 마음을 못 잡고 저러는구나 하고 자책하는 것도 슬픔에 속합니다. 분노가 적극적으로 문제를 해결하기 위해 감정적으로 상대를 대하는 것이라면, 슬픔은 문제를 해결할 수 없다는 포기의 마음이 들어 감정적으로 자신을 대하는 것입니다. 그런 점에서 분노도 슬픔도 문제 해결에는 별 도움이 되지 않습니다. 그러나 화를 내는 사람들 다음으로 많은 사람들이 슬퍼하는 방법을 택합니다.

세 번째 유형은 비웃음입니다. 비웃음은 문제가 발생할 수밖에 없는 것을 이미 알고 있을 때 나오는 행동입니다. '내가 언젠가 이런 일이 생길 줄 알았다'는 말이 여기에 속합니다. 내가 불안 불안했다, 이제라도 일이 생긴 게 그나마 다행이라고 비웃음을 터트리는 것이지요. 오토바이를 훔친 아들이 잡혀 있는 경찰서에 가서 "벌 받을 각오는 되어 있겠지? 네가 마음 못 잡고 돌아다닐 때 언젠가 사고 칠 줄 알았다" 하고 말하는 아버지가 여기에 속합니다. 그런 아버지는 매정하게 경찰서를 나가버리기도 합니다. 살다 보면 이렇게 정작 남은 심각한데 본인은 이미 다 예상하고 있었다는 듯 비웃는 사람을 한 번씩 만납니다. 이 웃음은 순수한 웃음이라기보다 어리석음을 미리 예상했다는, 우월한 위치에 있음을 보이려는 사람이 내는 웃음입니다. 그래서 기분이 좋지 않습니다. 사람에게 관심을 가진 것이 아니라 문제에 호기심을 가지고 있기 때문입니다. 소수의 사람이 이런 입장을 취합니다. 잘못한 사람으로서는 비웃는 사람이 기분 나쁩니다. 적나라하게 화를 표출하지 않기 때문에 직접적으로 반발하기도 어렵습니다. 그러나 이런 사람에게는 두고두고 기분이 나쁩니다.

 아주 소수의 사람만 온유한 입장으로 잘못을 저지른 사람을 대합니다. 온유는 상대와 나를 똑같이 부족하고 모자란 존재로 받아들일 때 생기는 마음입니다. 나도 당신도 언제나 실수할 수 있고 잘못을 저지를 수 있다는 생각이 전제될 때 온유한 마음을 가질 수 있습니다. 분노하는 사람은 상대를 나보다 못하다고 여기는 사람이며, 슬퍼하는 사람은 자신이 문제 해결도 못하는 못난 사람이라 여기는 사람입니다. 또한 비웃는 사람은 내가 우월하다는 것을 즐기는 사람입니다. 이에 비해 온유한 사람은 나도 상대도 모두 부족하고 모자란 불완전한 존재라는 겸손한 마음을 가진 사람입니다.

 《레미제라블》의 주인공 장발장이 촛대를 훔쳤다가 경찰에 잡혀 왔을 때, 자신이 준 촛대라고 말한 미리엘 주교는 온유한 사람이었습니다. 그 온유함이 범죄자 장발장을 선행으로 여생을 사는 장발장으로 변화시킬 수 있었습니다. 온유는 아무나 가질 수 있는 것이 아닙니다. 성숙한 삶의 태도를 지닌 사람만이 가질 수 있는 최고의 미덕이기도 합니다. 사람의 잘못 앞에서 온유하기는 쉽지 않습니다. 하지만 자신의 방법과 태도는 고민할 수밖에 없는 삶의 숙제입니다.

누구나 할 수 있는 말

살다가 덜컥 어려운 일이 생기면 난감해집니다. 그럴 때는 보통 가까운 사람에게 도움을 청합니다. 그런데 도움보다 상처를 받는 경우가 더 많습니다. 누구나 할 수 있는 말을 가까운 사람에게서 듣기 때문입니다.

몇 년 전 키 크는 농구교실을 열었다가 신통치 않은 수입으로 힘들어 하는 전직 농구선수를 상담한 적이 있습니다. 20여 명의 중년 남자들이 모여 상담하는 자리였는데, 모두 진지하게 수입을 올릴 방법을 조언했습니다. 홍보를 다양하게 해보라는 조언이 가장 많았고, 인터넷을 적극 활용하라, 아이들에게 이벤트를 해주어라 등 여러 의견이 이어졌습니다. 그런데 웬일인지 조언을 듣는 표정이 못마땅해 보였습니다.

그때 일흔이 넘은 전직 회장님이 한 말씀하셨습니다. "이분 할 건

다 해봤어요." 그러자 농구선수 출신 사장의 얼굴이 환해지면서 눈빛이 반짝였습니다. 자신이 할 건 다 해봤다는 걸 인정해주는 사람을 만나자 깊은 공감을 느꼈나 봅니다. 그랬을 것입니다. 30분 정도 남의 이야기를 듣고 떠오르는 대로 자기 생각을 말하는 것은 누구나 할 수 있습니다. 그러나 같은 처지에 처해보았고, 더 큰 부침도 겪었을 전직 회장님은 그러한 말들이 당사자에게 부질없다는 것을 너무나 잘 알았습니다. 본인이 얼마나 고민을 많이 했겠으며, 해볼 수 있는 건 다 해보았다고 생각하지 않았겠습니까. 그래서 건넬 수 있는 말은 '당신, 할 건 다 해봤잖아' 하는 인정의 한마디였습니다.

누구나 할 수 있는 말을 얕은 조언이라 합니다. 이에 비해 회장님처럼 아무나 할 수 없고 상대의 심정까지 읽어야 할 수 있는 말을 깊은 조언이라 합니다. 사람은 다른 사람의 얕은 조언에 영향을 받지 않습니다. 하지만 깊은 조언에는 마음속까지 공명을 일으키며 커다란 영향을 받게 됩니다.

신세를 비관하여 자살을 시도한 대학생이 있었습니다. 다행히 목숨을 건졌습니다. 주변의 가까운 사람들이 위로와 용기를 주는 말을 많이 했습니다. 그런데 정작 위로를 받고 용기를 얻은 말은 별로 없었습니다. 죽을 용기가 있으면 열심히 살아보라, 힘내라는 말을 제일 많이 들었습니다. 누구나 할 수 있는 말입니다. 얕은 조언입니다. 그런데 정작 위로와 용기를 받은 말은 따로 있었습니다. 선배가 했던 '못해도 괜찮아'라는 말과 '바라는 거 없다'는 아버지의 말이 그것이었습니다. 그러면서 그 두 마디가 왜 그렇게 위안이 되었는지 모르겠다고 했습니다.

못해도 괜찮다는 말은 아무나 건넬 수 있는 말이 아닙니다. 본인도 힘든 삶을 살아본 사람만이 할 수 있는 말입니다. 결국 잘하려고 하다가 뜻대로 안 되어 생기는 일이라는 걸 깊이 자각했던 사람이 할 수 있는 말입니다. 그래서 그 말을 해줄 수 있었을 것입니다. 깊은 조언입니다. 또한 바라는 거 없다는 말은 살아만 있으라는 아버지의 무조건적 사랑이 담긴 말입니다. 여기에는 조언을 뛰어넘는 커다란 사랑이 담겨 있습니다. 진실한 사랑을 담은 깊은 조언입니다. 그래서 그 두 마디가 그토록 반향이 큰 울림을 주었던 것입니다.

우리는 다른 사람에게 영향을 주고 싶어 하는 존재입니다. 기왕이면 다홍치마라고 깊은 영향을 주고 싶어 합니다. 그러나 실제로는 매우 어렵습니다. 누구나 할 수 있는 말을 하면서 깊은 영향을 주려 하기 때문입니다. 하지만 깊은 영향은 깊은 조언을 통해서만 줄 수 있습니다.

누구나 할 수 있는 말을 하던 사람이 아무나 할 수 없는 말을 하려면 자기 경험, 자기 상황, 자기 관점이라는 세 가지 장벽을 넘어야 합니다. 우선 과거의 자기 경험에 묶인 사람은 다른 사람에게 자기 경험을 통해 깨달은 사실만 전달하게 됩니다. 자녀 키우기로 힘들어 하는 며느리에게 시어머니가 옛날에는 예닐곱 자식을 낳고도 잘만 길렀는데, 너는 하나 기르면서 뭐가 힘들다고 그러냐, 행복한 줄 알라고 말하는 것이 여기에 해당합니다. 부모가 자녀에게 나는 옛날에 내 손으로 학비 벌어서 다니면서도 군말 없이 다녔는데, 너는 다 지원해주는데도 뭐가 그렇게 힘들다고 난리냐는 소리도 자기 경험에 갇혀서 하는 소리입니다.

다음으로 자기 상황이라는 장벽에 갇힌 사람도 누구나 할 수 있는 소리를 합니다. 자살할 용기가 있으면 열심히 살지 다 못나서 저지르는 철없는 짓이라고 말하는 사람은 자신의 현재 상황이 경제적으로나 심리적으로 별다른 어려움이 없어서 하는 소리라는 것을 깨닫지 못합니다. 상대의 말과 행위를 그가 처한 상황과 분리하여 보게 되면 잘못한 사람은 모두 철이 없거나 성격적 결함이 있는 사람으로 전락하고 맙니다. 그러면 자신은 상대적으로 우월하고 고상한 사람으로 승격합니다. 그럴 때 누구나 할 수 있는 말로 상대에게 큰 상처를 줍니다.

마지막으로 자기 관점으로 상황을 보면 하나마나한 뻔한 이야기를 하게 됩니다. 밤낮으로 아르바이트를 하며 학업을 이어가던 청년은 모처럼 자신을 불러내 실연당해 죽고 싶다는 이야기를 하는 친구에게 욕을 퍼붓습니다. 네가 배가 불러 그 따위 소리를 하고 앉았다고 나무랍니다. 일견 자신의 입장에서 보면 맞는 소리지만 위로받으러 온 친구는 얼마나 황당하고 당황했겠습니까.

누구나 할 수 있는 말은 아무 때고 누구에게나 할 수 있습니다. 그러나 그건 대부분 하나마나한 이야기입니다. 말하는 사람의 자기 위안에 지나지 않습니다. 진정으로 위로와 힘을 주기 위해서는 누구나 할 수 있는 얕은 조언이 아니라 진심을 담은 깊은 조언을 해야 합니다. 그것은 자기 경험, 자기 상황, 자기 관점에서 자유로워질 때 가능합니다. 물론 깊은 조언은 어렵습니다. 그렇다면 차라리 말을 줄이고 따뜻한 눈길로 공감해주고 들어주는 것이 방법입니다.

내려가는 대화

시작이 좋으면 끝이 좋습니다. 대화 역시 시작이 좋아야 끝이 좋습니다. 사람의 마음과 행동을 측정하는 설문지를 만드는 원리 가운데 '쓰레기가 들어가면 쓰레기가 나온다(garbage in garbage out)'는 말이 있습니다. 좋지 않은 질문을 하면 응답 역시 좋지 않다는 것입니다. 어떻게 말을 시작하느냐에 따라 대화는 평탄한 길을 가기도 하고 내리막길을 가기도 합니다.

살다 보니 부드럽게 첫말을 꺼내기 힘든 경우는, 상대가 잘못했을 때와 내가 억울한 때였습니다. 언젠가 아내가 당신은 저녁마다 다른 부부를 상담해주면서 정작 자기 아내 힘든 건 몰라준다고 불만을 털어놓았습니다. 내심 서운한 마음이 들었습니다. 저녁에 상담하다 보니 힘들었습니다. 아내에게 위로를 받고 싶었는데 오히려 핀잔을 들으니 힘이 빠졌습니다. 상담료가 들어오면 모두 아내에게 주는 입장에서 고생한다는 소리를 듣고 싶었습니다. 그래서 억울한 마음이 들었습니다.

바로 되받아치고 싶은 마음이 굴뚝같았지만 참았습니다. 자칫 잘못 말했다가 서로 감정이 나빠지고 냉랭해질 것 같았습니다. 그럴 때 도움이 되는 대화가 '내려가는 대화'입니다. 상대 앞에서 나를 내리는 대화를 저는 내려가는 대화라 부르며 사용합니다. 대화를 시작할 때 내가 못났다, 부족하다, 모자란다는 이야기부터 해서 스스로 내리는 것입니다.

그다음 날 아침, 저는 내려가는 대화로 이야기를 시작했습니다. "여보, 내가 그릇이 작은가 봐." 그랬더니 아내는 갑자기 왜 그러냐고 묻습니다. 저는 어젯밤에 하고 싶었던 이야기를 살짝 붙였습니다. "어제 당신이 한 말이 그냥 넘어가지 않고 마음에 남으니 말이야." 그러고 서로가 마음을 나누는 솔직한 대화가 순조롭게 이루어졌습니다. 대화를 그렇게 시작하니 아내는 경청해주었고 의견이 맞지 않다 해도 이해하려고 노력했습니다. 서로가 하고 싶은 말을 했지만 감정싸움으로 번지지 않았습니다.

사람은 약자를 공격하고 싶지 않은 성향을 가지고 있습니다. 내려가는 대화는 스스로가 상대에게 내가 약자임을 고백하는 대화입니다. 대부분의 아내는 스스로 약자라고 말하는 남편을 공격하지 않습니다. 대화가 엉키고 잘못되는 책임을 비율로 말하자면 70퍼센트는 처음에 시작하는 사람에게 있고, 나머지 30퍼센트는 그 말을 받는 사람에게 있습니다. 시작을 부드럽게 못 하는 사람들의 공통점은 말투보다 내용에 초점을 맞춘다는 것입니다. 내 말이 어디가 틀렸느냐, 길 가는 사람에게 물어보라고 말하는 사람 상당수는 첫마디를 부드럽게 하지 않고 직선적이고 아프게 하는 사람들입니다.

사람은 누구나 어느 정도 자기중심적입니다. 그러다 보니 야단맞고 지적받기를 싫어하고 견디지 못합니다. 상대의 첫마디가 야단이나 지적이라면 일단 마음이 상합니다. 그러면 상대가 말하는 요지가 귀에 들어오지 않습니다. 마음을 상하게 한 상대를 공격하고 응징하고 싶어집니다. 내려가는 대화로 시작하면 야단도 지적도 아니므로 마음이 상하지 않습니다. 더구나 상대가 스스로 약자라고 시인하면 도와주고 싶은 마음이 듭니다. 상대적으로 내가 강자가 되기 때문입니다. 그러면 자연스럽게 호의적이고 부드러운 말투가 나오게 됩니다. 듣는 상대도 부드러워지면서 선순환이 이루어지게 됩니다.

결혼 후 아내와 큰 소리로 다툰 적이 거의 없습니다. 아내의 말이나 행동이 마음에 들지 않으면 되도록 내려가는 대화로 말을 시작하려 했습니다. 쉽지는 않았지만 저대로 노력했던 것 같습니다. 상황이 좋고 상대의 행동이 마음에 들 때는 따로 대화 방법을 고민할 필요도 없습니다. 기분 좋게 말하고 기분 좋게 들을 수 있습니다. 늘 상대의 행동이 마음에 들지 않을 때가 문제입니다. 그럴수록 나를 먼저 내리는 대화로 시작해보는 것입니다. 깜짝 놀랄 반전이 기다릴 것입니다.

욕하는 사람, 욕먹는 사람

일을 하다 보면 다른 사람에게 본의 아니게 욕을 먹을 때가 생깁니다. 예를 들어 회사에서 사업 확장을 위해 해외에 지사를 내기로 사장이 결정했습니다. 지금 내실을 다져야지 밖으로 나갈 때냐고 사장을 비난하는 직원이 있는가 하면, 지금 다소 힘든 상황을 해외투자를 통해 만회할 수 있다고 사장을 응원하는 직원이 있기도 합니다. 대부분의 일은 양면성을 가지고 있습니다. 그래서 관점에 따라 욕을 하기도 칭찬을 하기도 합니다.

제가 온라인대학 교수가 되어 강의를 시작하게 되었을 때 고민이 생겼습니다. 온라인 강의는 학생 혼자 컴퓨터 모니터를 켜놓고 2시간 남짓 외롭게 강의를 들어야 합니다. 더구나 학생들의 나이는 불혹을 훌쩍 넘기기 일쑤고 환갑이 지난 분들도 적지 않습니다. 다른 선생님들의 강의를 들어보니 재미가 없으면 30분을 집중하고 듣기가 어려였습니다. 명강의로 소문난 동영상 강의를 인터넷에서 보니 시간이 짧거나 유머를 섞은 것들이 대부분이었습니다. 온라인대학 강의는 정해진 시간을 채워야 하므로 시간을 짧게 할 수가 없었습니다. 그래서 시간을 줄일 수 없다면 강의를 재미있게 해야겠다는 생각이 들었죠.

오감으로 체험할 내용이 필요하겠다고 생각했습니다. 시를 강의에 넣고, 의미가 담긴 사진을 찾아 넣고, 노래를 불러 즐거움을 주기로 했습니다. 정말로 강의 시간 중에 노래를 부르자 스튜디오에서 촬영을 맡은 선생님이 키득키득 웃었습니다. 잘 부르는 노래는 아니었지만 대중가요의 가사를 강의 내용과 연관시키며 해설도 덧붙였습니다. 같은 스튜디오에 강의를 촬영하러 온 몇몇 교수님들이 제가 노래하는 것을 보았습니다. 일순간에 학교 교수들 사이에서 참 별나다는 이야기가 돌았고, 금세 학교 여기저기서 말이 나오기 시작했습니다. 채신머리없이 교수가 강의 중에 노래를 한다는 것이었습니다. 노래를 삼가달라는 글을 보내는 학생도 있었습니다.

이미 욕먹을 각오하고 시작했었습니다. 하던 대로 강의 중에 노래 부르고 시 읽고 사진을 보여주었습니다. 욕먹는 기간이 조금 지나자 강의가 재미있다는 이야기가 들려오기 시작했습니다. 교수님 수업은 모니터 앞에 가까이 다가서게 만든다, 침대에 누워 들으며 낄낄대다 보면 강의 시간이 금세 다 간다는 말까지 호평이 이어졌습니다. 언제 그랬냐는 듯이 학생들은 노래를 더 많이 불러달라고 요청했습니다.

동료 교수들도 점심시간에 만나면 어깨를 툭 치면서, 참 재미난 선생님이야. 난 노래하고 싶어도 심장이 떨려서 입이 안 떨어지던데 하면서 웃어주었습니다. 어느새 별난 교수에서 재미있는 교수로 바뀌어져 있었습니다.

저 스스로는 달라진 것은 없었습니다. 하지만 사람들은 이제 그런 제 모습을 자연스럽게 받아주었습니다. 처음에 욕먹는 걸 견디지 못하고 노래를 그만두고 시를 내리고 사진을 지웠다면 그저 그런 강의가 되었을 것입니다.

'우리은행에는 돈을 저축하고 우주은행에는 덕을 저축한다. 우리은행에서는 돈을 찾지만 우주은행에서는 복을 찾는다'는 생각으로 우주은행 행원을 모집했을 때도 똑같은 과정을 거쳤습니다. 천 명이 넘는 학생들에게 우주은행 행원 모집이란 공고를 냈을 때 황당하다는 반응과 함께 글을 내리라는 말을 여기저기서 들었습니다. 욕하는 다수의 사람들이 나타난 것이죠. 연구실에서 우주은행 첫 모임을 가졌을 때 찾아온 학생은 단 두 명이었습니다. 그러던 우주은행이 2년을 넘겼고, 행원만 열네 명으로 늘었습니다. 우주은행은 한 달에 한 번 오후에 딱 두 시간만 모입니다. 그것이 전부입니다. 지난 한 달간 나에게 쌓은 덕 하나와 남에게 쌓은 덕 하나를 발표합니다. 그러면 박수를 보내고 그에 대한 느낌과 의미를 참석자들이 이야기했습니다. 우주은행에 참여하면서 나를 더 사랑하고 주변 사람을 더 귀하게 대한다는 피드백이 이어졌습니다. 같은 학과 교수 한 분도 우주은행 멤

버가 되었습니다. 1주년 모임에서 우주은행이 매달 '즐거운 부담'을 안겨주었다고 해 모두가 웃었습니다. 이번에도 처음에 비난하던 사람이 사라지고 호응하는 사람들이 늘었습니다.

저는 법에 위배되지 않는 일이라면 얼마든지 의미 있고 재미있는 일을 만들 수 있다고 생각합니다. 그런 재미를 사람들과 나누고 싶어 새로운 일을 벌이고는 했습니다. 거의 예외 없이 시작하고 욕을 먹습니다. 그래서 언제부터인가 욕하는 사람들을 관찰했습니다. 어떤 사람이 욕을 하는가, 이 부분이 관심사였습니다. 관찰해보니 욕하는 사람들에게는 두 가지 특징이 있었습니다.

첫째, 경직된 사람일수록 욕을 많이 했습니다. 기존 질서와 체제에 잘 적응하여 더 이상 변화를 원하지 않을수록 새로운 것에 대한 거부감이 심했고, 새로 무엇인가를 하려고 하면 쓸데없는 짓한다며 욕했습니다. 교수가 점잖게 가르쳐야지 광대 노릇 하면 못쓴다고 말한 교수도 경직된 사람이었습니다.

둘째, 아무것도 하지 않는 사람일수록 더 많이 욕했습니다. 일에 기여하는 바가 적을수록 더 많이 욕을 한다는 것입니다. 권투 경기장에 가보면 쉽게 알 수 있습니다. 한 번도 링 위에서 권투를 해본 적이 없는 사람은 누구보다 흥분하여 선수 욕을 핏대 올려 합니다. 권투를 해본 경험이 있거나 링 위에서 깊은 좌절을 맛본 적이 있는 사람은 못하는 선수에게 쉽게 욕하지 않습니다. 그 사람이 지금 얼마나 최선을 다하고 있는지 알기 때문입니다.

아무도 가지 않은 길을 처음 가는 사람은 링 위에서 최선을 다해 경기하는 선수와 같습니다. 비록 계속 펀치를 맞지만 무너지지 않고 주먹을 앞으로 내밉니다. 그 고통과 절박함을 모를수록 욕을 많이 하고 또 할 수 있습니다. 이런저런 사회봉사 모임을 만들고 새로운 아이디어를 내고 추진하려고 하면 거의 예외 없이 지켜보기만 하고 손도 꼼짝하기 싫어하던 사람들이 가장 먼저 가혹하게 욕합니다. 그들이 싫어하는 소리는 '그럼 대안이 무엇인가요?'라는 질문입니다. 그들에게는 대안이 없습니다. 단점을 찾는 데는 달인이지만 새로운 대안과 관련해서는 아무것도 모르는 아이 같았습니다.

욕을 하기는 쉽습니다. 욕을 먹기는 어렵습니다. 남이 해놓은 일을 보고 단점을 조목조목 잡아내기는 쉽습니다. 아무도 하지 않은 일을 실낱같은 장점 하나만 보고 시작하기는 어렵습니다. 사람들을 나누면 욕을 하는 사람과 욕을 먹는 사람이 있는 것 같습니다. 사회가 진보해온 역사를 살펴보면 거의 예외 없이 욕하는 사람들이 아닌 욕먹는 사람들에 의해 이루어져왔음을 알게 됩니다. 나는 지금 욕하는 사람에 속하는가, 욕먹는 사람에 속하는가를 돌아보는 과정에서 많은 것을 알 수 있습니다.

올 더 타임

사람은 취약합니다. 취약하므로 안 좋은 일이 생기면 어쩌나 하고 걱정하기 마련입니다. 그럴 때 변함없이 넌 괜찮아 하고 이야기해주는 존재가 있다면 큰 위안과 평안을 얻게 됩니다.

제 조카는 맞벌이하는 엄마와 아빠가 사회생활을 정신없이 하다 보니 어린 시절을 불안하게 보냈습니다. 여덟 살 조카를 어쩌다 만나면 어김없이 손에 큰 수건을 들고 있었습니다. 수건으로라도 불안한 마음을 달래고 싶었기 때문입니다. 아빠도 바쁘고 엄마도 바쁜 데다 이런저런 학원 공부를 해야 하다 보니 외롭고 불안했던 것입니다. 수건은 조카에게 엄마이자 의지처였습니다. 그런 조카에게 어느 날 말했습니다.

"외삼촌이 사랑하는 거 알지. 너 지금 몇 살이지?" 사랑한다는 말에 좋다며 고개를 끄덕이고 여덟 살이라는 조카에게 말했습니다. "그렇구나. 여덟 살이구나. 외삼촌은 네가 여덟 살일 때도 사랑하고, 열여덟 살일 때도 사랑하고, 스물여덟 살일 때도 사랑하고, 서른여덟 살일 때도……." 그러자 조카가 활짝 웃으면서 말했습니다. "히히, 마흔여덟에도 사랑하고……." 나도 따라 웃으면서 이어갔습니다. "쉰여덟 살에도 사랑하고……."

조카가 물었습니다. "제가 죽으면요?" "하늘나라에서 만나서도 사랑하고." 조카는 제 대답에 까르르 웃더니 "외삼촌, 사랑해요" 하며 꼭 안겼습니다. 그때 조카 손에 들려 있던 수건이 바닥으로 떨어지는 것을 보았습니다. 저는 속으로 말했습니다. 'All the time I love you. 언제나 널 사랑해.' 여덟 살 어린아이는 그 말을 듣고 싶었나 봅니다. 확인받고 싶었던 것입니다.

사람은 관계의 동물이다 보니 자신의 취약성과 타인의 취약성이 부딪치기도 하고 어우러지기도 합니다. 부딪칠 때는 취약성이 더 취약해져 불안과 불만이 커지고, 어우러질 때는 취약성이 보완되어 불안이 줄고 만족이 커집니다. 부딪치는 대표적인 경우는 그러지 않아도 취약한 상대에게 못났다고, 잘못했다고 구박하는 것입니다. 반대로 어우러지는 것은 취약한 상대에게 괜찮다고, 그만하면 됐다고 격려하는 것입니다. 특히 언제나 어디서나 괜찮다고 격려하면 어우러짐은 극대화됩니다. 그리고 취약한 존재가 빛나는 존재로 변모합니다.

십여 년 전 강의를 하고 있는데, 유난히 표정이 좋은 중년의 여성

수강생을 보았습니다. 평범해 보이는 얼굴이지만 워낙 표정이 환하다 보니 단연 눈에 띄었습니다. 이분의 표정이 왜 이렇게 좋을까, 호기심이 생겨 물어보았습니다. "아니, 태어나면서부터 이렇게 환하셨어요?" 그분은 "하하, 우리 엄마 덕분이에요"라고 대답했습니다. 어머니가 어떻게 하셨느냐고 묻자 이야기를 해주었습니다.

"어린 시절에 제가 엄마에게 엄마 나 예뻐? 하고 물은 적이 있어요. 엄마가 예쁘다고 하죠. 그래서 제가 다시 물었어요. 얼마나 예뻐? 그러자 엄마가 말했어요. 응. 넌 네가 원하는 걸 다 얻을 수 있을 만큼 예뻐." 이어서 말씀해주었습니다. "그 말을 들은 후로 저는 저에게 자신감이 생겼어요. 그렇구나. 나는 뭐든 내가 원하는 걸 다 얻을 수 있을 만큼 예쁘구나. 그래서 언제나 웃고 지내게 되었어요. 정말 제가 원하는 걸 지금까지 다 얻을 수 있었어요. 좋은 남편도 좋은 아이도요."

그분의 어머님은 참 지혜로운 분이셨던 것 같습니다. All the time you are beautiful. 엄마는 딸에게 그렇게 말했던 것이지요. 넌 언제나 예뻐. 원하는 걸 다 얻게 될 거야. 마법 같은 축복의 말에 딸은 언제나 환해서 예뻤고, 사람들에게 사랑을 받았으며 그래서 더 환해졌고, 원하는 배우자와 결혼하고 아들딸을 낳아 잘 살아오셨습니다. 너는 언제나 예쁘다는 엄마의 한마디가 딸의 인생을 빛나는 인생으로 바꾸어놓은 것이지요.

구박보다 취약한 나를 더 불안하게 만드는 것이 조건부 사랑입니다. '이걸 잘하면 넌 괜찮은 존재야.' 다르게 말하면 이걸 못하면 넌 괜찮지 않은 존재라는 것입니다. '성적이 상위권 10퍼센트 이내면 넌 괜찮아. 그러나 떨어지면 괜찮지 않아.' 그러면 설령 10퍼센트 안에 들더라도 언제 떨어질지 모르니 불안하고, 10퍼센트 밖이라면 스스로 무가치하다는 자괴감이 들어 불안이 일상화됩니다. 더구나 조건부 사랑을 전제로 밀어붙일 경우 상대는 극단적 선택을 할 수도 있습니다.

제 큰조카는 고등학교 시절에 트라우마가 생겼습니다. 중학교 때부터 가장 친했던 친구가 아파트에서 뛰어내려 자살했기 때문입니다. 그 며칠 전에 친구가 늘 가지고 다니던 펜을 조카에게 주었다고 합니다. 자신과 유일하게 마음이 통했던 친구에게 주는 유품이었습니다. 자살한 아이의 어머니와 아버지는 유명한 엘리트였고 형제들은 명문대를 다니고 있었습니다. 막내인 아이는 어린 시절부터 학원과 집을 오가는 기획 인생을 살며 엄청난 압박을 받았습니다.

학원 수업이 없던 날에 둘은 영화를 보러 간 적이 있다고 합니다. 그 학생은 엄마에게 너 어디냐는 휴대폰 메시지를 스무 번 넘게 받았다고 합니다. 영화를 보는 둥 마는 둥 불안해 하다가 끝나고 걸어 나오는데, 출구에서 분노한 눈으로 버티고 서 있는 친구의 엄마를 보았답니다. 조카는 그때 친구의 눈에 비친 절망과 슬픔을 오랫동안 잊을 수 없었다고 합니다. 자살하기 전 조카에게 펜을 주면서 친구가 말했다고 합니다. "내가 지금까지 살면서 제일 행복했던 때가 언제였는지 알아? 그건 휴대폰을 깜빡 집에 두고 너랑 수학여행 가서 하루 동안 놀고 잤을 때였어. 엄마 없이 휴대폰 없이 하루 잔 그날이 제일 행복한 날이었어. 다른 날은 하루도 좋은 날이 없었어." 그 말이 조카에게는 친구의 유언이었습니다.

친구의 자살 소식에 정신없이 달려간 장례식장에서 친구의 엄마를 보았습니다. 엄마는 눈물도 흘리지 않고 이렇게 말했다고 합니다. "못나서 죽은 거야. 그걸 못 견뎌?" 조카는 몇 달 동안 충격에 빠진 상태로 지냈고 오래도록 슬퍼했습니다. 친구의 엄마는 이렇게 말한 것일지도 모릅니다. 명문대에 가기 전에는 All the time you are not OK.

엄마의 한마디가 평범한 소녀를 빛나는 소녀로 만드는가 하면, 빛나는 소년을 시들게 하기도 합니다. 그 차이는 all the time 뒤에 이어지는 말이었습니다. All the time you are OK인가, you are not OK인가에 따라 사람의 인생이 바뀝니다. 하늘과 땅 차이가 납니다. 취약한 존재인 사람은 누군가로부터 언제나 넌 괜찮다는 확인을 받고 싶어 합니다. 바로 그 자리에 있어주어야 하는 사람이 어머니이고 아버지입니다. 부모가 그 역할을 하지 못하면 아이는 오랜 세월 동안 자신에 대한 취약함과 불안한 전쟁을 치러야 합니다. 누군가 언제나 넌 괜찮다고 확증해주기 전까지 스스로를 불신하고, 초라하게 보는 삶의 굴레를 짊어져야 합니다.

제가 아들에게 지금까지 가장 많이 해준 말이 괜찮다였습니다. 넌 괜찮다, 그래도 괜찮다, 못해도 괜찮다는 말을 언제나 해주려고 노력했습니다. 아들이 제일 좋아하는 말도, 잘하는 말도 '괜찮아'가 되었습니다. 부모가 자식에게 해주어야 할 한마디 말이 무엇이냐고 묻는다면 주저하지 않고 말하겠습니다. 언제나 넌 괜찮다. All the time you are OK.

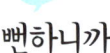
뻔하니까

"말해봤자 소용없어요." "들을 필요도 없어요." 대화가 없다는 부부를 만나다 보면 이 두 가지 말 중 하나를 듣게 될 때가 많습니다. 그리고 이유는 하나입니다. 뻔하니까.

뻔하다는 말은 상대가 어떤 반응을 보일지 예상하고 있다는 뜻입니다. 살면서 어떤 상황에서 늘 같은 반응을 경험하다 보면 다음에도 같은 상황에서 같은 반응이 오리라는 것을 직감하게 되는 것입니다. '그럼 그렇지. 내 그럴 줄 알았다'는 말은 알면서도 다시 같은 반응을 겪었다는 것입니다.

여고생들에게 만약 원치 않는 임신을 하게 되면 누구에게 알릴 것인가, 질문했더니 의외의 반응이 나왔다고 합니다. 엄마에게 알리겠다는 응답이 극히 적었다고 합니다. 대부분 친구라고 대답했습니다. 세상에서 가장 의지하는 사람이자 결국 문제를 풀어줄 사람이 엄마일 텐데 왜 아이들은 엄마에게 알리지 않으려는 걸까요. 그 이유 역시 대화가 없는 부부와 같았습니다. 뻔하니까. 엄마에게 말하면 어떤 이야기를 할지 뻔하니까 알리지 않겠다는 것입니다.

뻔하다는 말을 더 깊이 들여다보면, 상대의 반응을 충분히 예상한다는 것에 추가되는 의미가 있습니다. 상대의 반응이 내가 원하는 것이 아니라는 것입니다. 아버지에게 용돈을 달라고 했는데 생각보다 넉넉히 준다면 아버지에게 돈 달라고 해봤자 뻔하다는 표현을 쓰지 않을 것입니다. 무슨 돈을 허구한 날 달라고 하느냐고 역정 내거나, 주더라도 턱없이 부족할 경우, 그리고 그런 반응이 반복되어야 아버지에게 돈 달라고 해봤자 뻔하다는 표현을 씁니다.

부부 사이에서도 남편에게 집에만 있으니 답답하다고 어디 나가자고 할 때 남편의 반응이 아내가 원하는 바를 충족시켜준다면, 그래서 가까운 공원에서 두런두런 이야기도 나누고 근처 찻집에서 커피도 마신다면 남편에게 이야기해봤자 뻔하다는 표현을 쓰지 않습니다. 왜 그렇게 밖에 못 나가 안달이냐고 하든가, 마지못해 나가도 저만큼 앞서 가면서 뒤도 돌아보지 않을 때 뻔하다는 이야기를 합니다. 임신한 딸이 엄마에게 사실을 이야기할 때도 마찬가지입니다. 같이 걱정해주고 위로해주기는커녕 임신한 딸보다 더 난리가 나고 남자가 누구냐고 따져 묻고 나무랄 것이기 때문에 뻔하다는 표현을 쓰는 것입니다.

상대가 내가 원하는 반응을 하지 않는다. 이것이 '뻔하다'에 포함된

핵심입니다. 그렇다면 왜 상대는 내가 원하는 반응을 보여주지 않을까요? 아주 단순화시켜 이야기하면 상대가 자기중심적인 사람이기 때문입니다. 자기중심적인 사람은 자기 입장에서 한 발자국도 움직이려 하지 않는 사람입니다. 철저히 자기의 입장, 관점에서만 상황을 받아들이고 반응하는 사람입니다.

물에 빠진 아이와 나그네의 이야기가 이런 사람을 잘 말해줍니다. 아이가 물에 빠져 위태로운 지경이었습니다. 살려달라고 외치는 소리를 지나가던 나그네가 들었습니다. 그런데 아이를 구하지는 않고 그 자리에 서 보기만 하면서 되레 아이에게 호통을 쳤습니다. "왜 조심하지 않다가 빠졌느냐?" 죽어가며 아이가 말했습니다. "먼저 저를 구해준 후에 꾸짖으세요. 그때 꾸짖어도 늦지 않습니다."

여기서 나그네는 지극히 자기중심적인 사람을 대표합니다. 아이가 죽고 사는 것이 급한데 자기의 입장과 관점을 먼저 내세우고 있습니다. 그는 아이의 생사가 가장 급하다는 것을 잊고 있습니다. 그에게 더 중요한 것은 사람은 매사 조심해야 한다는 자신의 생각입니다. 그러니 이런 나그네를 부모로 두거나 배우자로 둔 사람은 얼마나 불행한 사람이겠습니까. 예화 속 아이처럼 자식도 배우자도 서서히 정신이 죽어가게 됩니다.

그렇게 서서히 죽어가면서 그래도 어쩌겠어, 같이 살아야 하는데 하는 마음이 반, 미워하는 마음이 반 섞여 나오는 비빔밥 이름이 '뻔하니까'입니다. 뻔하니까 상대에게 말을 하지 않습니다. 뻔하니까 상대의 이야기를 듣지 않습니다. 말하지도 않고 듣지도 않으니 대화가 없어집니다. 반응이 뻔한 상대를 포기할 때 대화가 사라집니다. 대화가 없으니 인생이 문득 허무해집니다. 그런데 흥미로운 점이 있습니다. 상대가 이러한 상황을 오해하기도 합니다. 드디어 내 말에 토를 달지 않는구나, 이제야 내 말을 가만히 듣는구나 하고 말입니다.

좋은 부모가 되고, 좋은 배우자가 되기 위해서는 뻔한 사람이 되지 말아야 합니다. 당연히 자기중심적인 껍질에서 벗어나야 합니다. 대단히 어렵습니다. 한 가지 상황을 적어도 세 가지 관점으로 볼 수 있는 유연함을 기른다면 뻔한 사람에서 벗어날 수 있습니다.

나의 관점, 너의 관점, 우리의 관점. 이 세 관점에서 보면 문제와 상황이 전혀 다르게 보입니다. 물에 빠져 죽어가는 아이를 야단칠 수 없게 됩니다. 나이가 들면서 방심하다 쉽게 되는 것이 뻔한 사람입니다.

안 갔네와 못 갔네

아동청소년 기관에 보조 도우미로 취직한 제자에게 전화가 왔습니다. 고등학교 2학년 학생이 학교를 가지 않아 "왜 오늘 학교에 안 갔어?"라고 물었더니 반응이 좋지 않았다는 것입니다. 일을 시작하고 아이에게 관심과 애정을 담아 물었는데, 반응이 좋지 않으니 말을 잘 못했나 싶어 저에게 전화를 한 것이었습니다. 저는 제자에게 "왜 학교에 안 갔어?"라고 묻는 대신 "오늘 학교에 못 갔네"라고 했어야 한다고 말했습니다.

'안 갔네'와 '못 갔네'는 한 글자 차이지만 듣는 사람에게 하늘과 땅 차이입니다. 안 갔다는 것은 일부러 땡땡이를 치고 가지 않았다는 뜻입니다. 그래서 불량학생이 되어버립니다. 고의적으로 학교를 가지 않은 나쁜 학생이라는 의미로 해석됩니다. 이에 비해 못 갔다는 것은 사정이 있어 갈 수 없었다는 뜻입니다. 그래서 상황이 문제가 되고 어쩔 수 없이 학교를 가지 못한 안타까운 처지로 해석됩니다.

그래서 학생은 도우미 선생님의 말이 마음에 걸렸던 것입니다. 게다가 따지듯 묻는 왜라는 말까지 보태져 "왜 안 갔니?"라고 하니 대답하고 싶은 기분마저 사라진 것입니다. '안'과 '못'은 이렇게 차이가 큽니다.

자식을 낳아 기르면서 무심결에 부모가 빈번히 하는 말 중에서도 '왜'와 '안'은 상위권에 속합니다. 왜 안 먹어, 왜 안 가, 왜 공부 안 해, 왜 말 안 들어 등등. 이처럼 '왜'와 '안'은 라면에 계란이 궁합 맞듯 찰떡궁합인 말로 자주 쓰입니다. 그리고 거의 예외 없이 자식들 마음에 따끔따끔한 못을 박습니다. 이 말을 들은 자녀는 자신의 의도와 무관하게 불손하고 그릇된 사람이 되어버립니다. 그래서 억울하고 속이 상해 대답을 제대로 하지 않거나 삐친 표정이 되는데, 부모는 뭘 잘했다고 그런 반응이냐고 두 번째 야단을 칩니다. 자녀가 부모에게 마음의 문을 서서히 닫게 되는 데는 '왜'와 '안'이 중요한 역할을 하기도 합니다.

이철수 판화가의 작품 중 〈가난한 머루송이에게〉란 글이 있습니다. 내용은 이렇습니다. '겨우 요것 달았어? 최선이었어요. 그랬구나. 몰랐어. 미안해.' 한 줄로 쓰일 만큼 짧은 글이지만 부모가 자녀에게 흔히 하는 잘못이 고스란히 담겨 있습니다. '겨우 요것 달았어?'를 다르게 말하면 '왜 많이 안 달았어?'가 됩니다. 그런데 아이는 대답합니다. 그게 최선을 다한 결과라고 말이지요. 부모는 그만 머쓱해지고 미안해집니다. 그랬구나, 몰랐다고 솔직하게 인정하고 미안하다고 사과합니다. 그러나 현실에서 그랬구나, 몰랐어라고 하는 부모는 많지 않습니다. 사과까지 하는 부모는 더욱 적습니다. 최선이었다는 말을 해도 믿지 않고 더 다그치는 부모가 많습니다. 그래서 아이들이 부모에게 마음의 문을 닫습니다.

그런데 '안'이라는 글자 대신 '못'이라는 글자를 바꾸어 넣으면 상황이 달라집니다. 사람의 마음은 비슷합니다. 내가 잘못한 것은 상황 탓이며, 상대가 잘못한 것은 인간성 탓입니다. 그래서 누가 나의 잘못을 인간성 탓이 아니라 상황 탓으로 보아주면 고마워집니다. 반대로 인간성 탓으로 몰면 화가 납니다. 안은 인간성 탓으로 돌리는 말입니다. 못은 상황 탓으로 돌리는 말입니다. 어느 말을 좋아할지는 분명해집니다.

"이번엔 원하는 만큼 성적이 못 나왔나 보구나. 속상하겠다." 이렇게 말하는 부모에게 반발심을 가질 자녀는 없습니다. "잘 생각해봐. 왜 이렇게 성적이 안 나왔는지"라는 말에 고마움을 느낄 자녀도 없습니다.

말 한마디에 없던 정이 생기고 말 한마디에 있던 정이 떨어집니다. 안이라는 말 한마디에 부모와 자식, 스승과 제자, 상급자와 하급자 사이에 있던 정이 떨어집니다. 못이라는 말 한마디에 없던 정이 생깁니다. 기왕이면 다홍치마라고 안보다 못을 쓰는 것을 연습하지 않을 이유가 없겠습니다.

제자는 말 한마디에 자신의 순수한 마음이 왜곡돼 전해져 속상하다고 했습니다. 속상해도 어쩔 수 없다고 말해주었습니다. 말이란 그렇습니다. 말하는 사람이 주인이 아니라 듣는 사람이 주인입니다. 감상과 평가라는 관점에서 보면 그림과 시는 화가와 시인이 주인이 아니라 관람객과 독자가 주인입니다. 말 역시 사람의 입을 떠나면 듣는 사람의 소유가 됩니다. 그래서 좋은 마음만으로는 부족합니다. 마음을 곱게 싸는 포장지가 필요합니다. '안 갔네'는 미운 포장지였습니다. '못 갔네'는 예쁜 포장지였습니다. 예쁜 마음을 미운 포장지로 쌌더니 보는 사람에게는 모두 미운 것으로 보였습니다. 말한 사람으로서는 당연히 속상합니다.

제자는 진작 알았으면 좋았겠다고 후회했습니다. 저는 이렇게 말해주었습니다. "오늘은 속에 있던 따뜻한 마음을 아이에게 못 전한 것 같네. 괜찮아, 다음에 하면 되지 뭐."

냉장고말 보일러말

어떻게 해야 상처 주지 않고 하고 싶은 말을 온전히 할 수 있을까? 모든 사람들의 고민입니다. 카피라이터 헬 스테빈슨은 "말은 오븐에서 나와야지 냉장고에서 나와서는 안 된다"라고 했습니다. 생각할수록 멋진 말입니다. 해결책이 될지도 모르겠습니다.

따스한 마음으로 이야기하면 다소 거칠게 표현한다 해도 진심이 전달되어 상대가 상처받지 않습니다. 미워하고 싫어하는 마음을 가지고 이야기하면 아무리 부드럽게 표현해도 본심이 전해져 상대가 상처를 입습니다.

큰조카는 집에서 여러 동물을 길렀습니다. 요즘은 어디서 구했는지 붉은 줄무늬 뱀을 사서 기르는데 그 모습을 보면 기겁할 지경입니다. 예전에 조카는 거북이를 길렀습니다. 작았던 거북이는 점점 자라 원래 크기의 몇 배가 되었습니다. 큰조카는 조카들 중에서 가장 말수가 적습니다. 하루에 몇 마디 듣기도 하늘의 별따기 같다고 형수님이 말하고는 했습니다. 그런데 그 거북이는 조카가 주는 먹이만 잘 먹는다고 했습니다. 반신반의했지만 그 집에서 기르던 동물들이 하나같이 큰조카 곁에 붙어 있는 것을 보면 거짓말이 아닌 것 같았습니다.

거북이가 먹이를 많이 먹고 기르기도 힘들어 팔기로 했었습니다. 조카가 거북이에게 미안하다고 했는데 신기하게도 그날부터 조카가 주는 먹이를 먹지 않고 굶기 시작했답니다. 다른 사람이 주는 먹이도 물론 먹지 않았습니다. 팔려 가는 날 거북이의 눈물을 보았다고 합니다. 그 작은 눈에서 눈물이 나왔을까 모르겠지만 조카를 떠나는 거북이는 무척 서운하고 마음 아팠을 것입니다.

말수 적은 큰조카는 우리 집안에서 늘 인기가 최고였습니다. 몇 마디 안 되는 말이 하나같이 오븐에서 나온 말이었습니다. 조카를 보면서 말을 잘한다는 것과 많은 것은 같지 않다는 것을 배웠습니다. 말은 그 온기가 중요하지 양이 중요하지 않습니다.

아들이 초등학교 1학년일 때 학교에서 가정통신문을 받았습니다. 아빠 재능기부를 부탁한다는 내용이었습니다. 다른 집 아빠들이 모두 신청했을 텐데 당신도 해야 하지 않겠냐는 아내 말에 내키지 않아도 신청했습니다. '비폭력 대화'라고 생각나는 제목을 급하게 적어 학교 가는 아들 편에 보냈습니다. 나중에 알고 봤더니 신청한 아빠는 저 혼자였습니다. 졸지에 초등학교 1학년 아이들 앞에서 무려 한 시간 동안 비폭력 대화를 주제로 강의하게 되었습니다. 기가 막혔습니다. 어른 대상으로는 여러 번 해본 강의지만 인지 수준도, 언어도 다른 초등학교 1학년 아이들 앞에서 할 생각을 하니 눈앞이 캄캄했습니다.

며칠간 고민하다가 눈 딱 감고 하기로 마음먹었습니다. 막상 결정하니 오히려 속이 편해지면서 구체적인 방법이 떠올랐습니다. 문구점에 가서 전지 두 장을 샀습니다. 한 장은 분홍색, 다른 한 장은 파란색. 분홍색 전지 위에 보일러말이라고 썼고, 파란색 전지 위에 냉장고말이라고 썼습니다. 그러고 작은 분홍색 포스트잇과 파란색 포스트잇을 샀습니다.

당일에 학교로 가서 아이들에게 특강을 시작했습니다. 들으면 마음이 따뜻해지는 말이 보일러말이야. 들으면 마음이 차가와지는 말이 냉장고말이야. 그랬더니 "이 똥꼬 바보야는요?" 하고 한 아이가 물었습니다. 그건 뭘까? 하고 물으니 아이들이 이구동성으로 냉장고말이요 했습니다. 그래 맞아, 잘 아네. 냉장고말이야. 그럼 우리 딸 최고다는? 아이들은 보일러말이요라고 외쳤습니다.

분홍색과 파란색 포스트잇을 다섯 장씩 나누어주고 집에서 지금까지 들은 보일러말과 냉장고말을 적어보라고 했습니다. 아이들은 신나게 자기가 들은 말을 적었습니다. 다 적고 나서 포스트잇을 전지에 붙였습니다. 깜짝 놀랐습니다. 보일러말보다 냉장고말이 훨씬 많았습니다.

바보야. 이것도 몰라. 밥값도 못하는 녀석. 한심한 녀석. 겨우 이거야. 왜 머리가 안 돌아가. 아이들이 직접 듣고 적은 부모들의 말에는 가시가 돋고 얼음이 서려 있었습니다. 보일러말이 냉장고말보다 덜 적힐 수 있다고 생각했지만 이렇게 적을 줄은 몰랐습니다. 지켜보던 선생님도 깜짝 놀란 눈치였습니다. 재능기부 시간은 잘 마무리되었습니다. 그 후 몇 달간 아이들은 엄마와 친구들에게 냉장고말 하지 마, 보일러말 해 하고 다녀서 엄마들이 힘들었다는 이야기를 아내를 통해 들었습니다.

너만 힘들어?

어렸을 때 캐나다로 이민 가서 대학원까지 마치고 한국 여자와 결혼한 교포가 있습니다. 한국으로 돌아와 회사를 다니게 되었는데 회식에 참석했다가 충격을 받았습니다. 부서원들이 모두 참석한 회식 자리에서, 저는 오늘 집에 일찍 들어가겠습니다, 하고 말한 것이 화근이었습니다. 과장은 왜 일찍 가야 하느냐고 언짢은 표정으로 물었습니다. 갓난아기도 있고 아내도 기다리고 있어서 일찍 가려 한다고 답했더니 과장이 시비조로 말했습니다.

"야, 나는 애 없어? 나는 기다리는 아내 없어? 그럼 나는 나쁜 아빠야? 나쁜 남편이야? 야, 오늘 회식 값은 다 네가 내. 알았어?"

어렵게 공부해서 아버지의 고향 한국에 왔는데, 그때 처음 후회했다고 말했습니다. 모멸감과 수치를 오랫동안 잊지 못했다고 했습니다. 자신이 어렵고 힘든 것을 전혀 인정받지 못하고 '너만 힘들어?'라는 과장의 논리에 자신의 사정과 마음이 도매금으로 넘어갔습니다. 그래서 속상했다고 합니다. 캐나다에서는 해가 지면 모두 집으로 돌아가 가족과 함께 시간을 보냅니다. 그런 문화 속에서 자란 교포로서 이런 한국의 회사 문화가 도무지 이해되지 않았다고 합니다. 다시 캐나다로 돌아가고 싶은 강한 충동을 느꼈다는 것입니다. 너만 힘드냐는 논리는 폭력의 논리입니다. 나도 힘드니 잔소리 말고 견디고 받아들이라는 것입니다.

군대에 가면 이런 논리의 홍수에 빠집니다. 너만 힘드냐, 난 더 힘들다는 선임병의 이야기를 듣기도 합니다. 적응에 어려움을 겪는 후임병은 캐나다 교포와 비슷하게 느낄 수밖에 없습니다. 규정과 빈틈 없이 짜인 일과와 힘든 훈련보다 후임병을 더 힘들게 하는 것이 있습니다. 고참들의 너 힘든 건 아무것도 아니라는 이야기입니다. 군대와 회사는 그런 점에서 많이 닮았습니다. 다른 사람의 힘든 것을 인정해주지 않고, 오히려 내가 더 힘드니 잔말 말고 견디라고 하는 분위기가 그렇습니다. 오죽하면 '피할 수 없으면 즐기라'는 말까지 생겼을까요.

한 번 더 생각해보면 회식 자리에서 과장은 꼭 그렇게 말해야 했을까요? 군대 선임병도 마찬가지입니다. 신입의 힘든 처지를, 신병의 마음고생을 받아주면서 자기 힘든 것도 이야기할 수는 없을까요. 있습니다. 서로가 죽는 논리를 서로가 사는 논리로 만들 수 있습니다. '너도 힘들지?' 이 한마디가 답입니다.

"너도 힘들지? 나도 그때는 참 힘들더라. 그때 지나고 좀 나아지려나 했는데 지금도 여전히 힘드네" 하는 이야기는 서로를 살리는 논리입니다. 힘든 마음을 온전히 받아주면서 자신의 힘든 마음도 하소연하고 있기 때문입니다. '너만 힘들어?'가 상대를 받아주지 않고, 힘든 상대에게 오히려 나 힘든 걸 이해해달라고 강요하는 말인 데 비해, '너도 힘들지?'는 상대를 받아주면서, 나도 동병상련이라는 것을 전하는 말입니다. 그렇게 말 한마디만 다르게 해도 회사 분위기와 군대 분위기는 서로를 미워하는 것에서 다독이는 것으로 바뀔 수 있습니다.

이렇게 하지 못하는 이유는 그렇게 생각하고 말하는 법을 배운 적이 없기 때문입니다. 자라면서 부모에게, 친구에게, 선생님에게 이렇게 다독이는 말을 듣기보다는 너만 그런 게 아니니 참고 견디라는 소리를 듣는 경우가 훨씬 많습니다. 그러다 보니 정작 자신이 윗사람이 되어 비슷한 상황이 되면 '너만 힘들어?'라는 모진 소리를 하게 됩니다. 듣는 사람이 아프고 힘든 말은 대부분 내 감정대로 내뱉으면 되는 말이기에 특별히 배우지 않아도 절로 나옵니다. 이에 비해 듣는 사람을 배려하고 따뜻하게 하는 말은 노력해서 배워야 하는 말입니다. 그래서 같이 힘들 때 '너만 힘드냐?'는 말로 아프게 합니다. 그리고 상대는 자신을 미워하게 됩니다.

모두 힘들 때 나 중심으로 '너만 힘들어?'라고 말하는 대신 우리 중심으로 '너도 힘들지?'라고 말하면 서로를 살릴 수 있습니다.

과묵과 침묵 사이

　남편과 싸움 한 번 제대로 하는 게 소원인 여자가 있습니다. 아내가 불만을 이야기하기 시작하면 남편은 바로 백기를 들었습니다. "미안해." 그러고 끝이었습니다. 아내가 무엇이 미안하냐고 물어보면 짧게 대답했습니다. "다!" 남편은 늘 그랬습니다. 백기를 들고 침묵한 채 '미안해'와 '다'만 되풀이했습니다. 20년을 함께 살다 아내 건강에 이상이 왔습니다. 암이었습니다. 나이 50도 안 된 아내는 모두 남편 탓이라고 생각했습니다. 남편의 침묵과 싸움 회피가 가져온 병이라는 생각이 들었습니다.

　아내 분에게 잠시 자리를 비켜달라고 하고 남편 분에게 성장 과정을 들었습니다. 남편은 조금만 잘못하면 무서운 아버지에게 사정없이 매질을 당하며 자랐습니다. 어머니는 그런 아버지에게 절절맸습니다. 여동생은 중학교 때부터 방에서 나오지 않고 정신질환을 앓았습니다. 아버지에게 조금이라도 덜 맞기 위해 무조건 잘못했다고 빌 수밖에 없었습니다. 결혼 후 아내 표정에서 조금이라도 아버지의 일그러진 모습이 보이면 두려웠습니다. 매 맞던 어린 시절로 돌아가 공포에 휩싸였습니다.

아내에게 미안하다고 한 것은 살기 위해 선택한 방법이었습니다. 남편은 아내를 아버지로 착각했습니다. 머리로는 아닌 줄 알지만 막상 아내 얼굴이 어두워지면 곧바로 아버지가 떠올랐습니다. 아내의 우는 모습을 여러 번 보았지만 슬프거나 미안한 마음이 들지 않았습니다. 아내에게 미안하다고 이야기했지만 마음은 그렇지 않았습니다. 기가 막혀 하는 아내를 보고 무표정하게 자기 방으로 들어가 태연하게 책을 보거나 신문을 읽었습니다.

남편은 우리나라에서 가장 좋다는 대학을 졸업한 영재였습니다. 회사에서도 중견 간부였고, 입사 후 누구와도 감정싸움 한 번 한 적 없습니다. 입이 무겁고 과묵해 믿을 만한 사람으로 통했습니다. 회사에서는 더없이 좋은 사람으로 인정받는 엘리트였습니다. 그러나 친밀한 관계로 들어오면 전혀 다른 사람이 되었습니다. 침묵 속으로 깊이 빠져 들어가 하루에 몇 마디도 아내와 자식에게 하지 않았습니다. 책이나 신문 보기를 즐겼고 가정을 제외한 사회문제에 흥미를 느끼고 분석하기를 좋아했습니다. 아내가 암에 걸렸다는 말을 듣고도 놀라지 않고 덤덤했습니다. 그런 자신에게 스스로도 놀랐습니다.

두 사람을 상담하면서 과묵과 침묵에 대해 새롭게 생각하게 되었습니다. 입을 닫아야 할 때 닫는 것을 과묵이라 하고 입을 열어야 할 때도 닫는 것을 침묵이라 합니다. 남편은 회사에서 과묵한 사람으로 인정받았습니다. 회사의 업무 특성에 적합한 성향이었습니다. 가정에서는 침묵하는 사람으로 낙인찍혔습니다. 가족이란 특성상 말하고 나누어야 하는데 그러지 않았습니다. 말 없음이 회사에서는 미덕이 되었지만 가정에서는 악덕이 되었습니다. 말하지 않아야 되는 순간에도 말하지 않고 말해야 하는 순간에도 말하지 않았습니다.

그에게는 말이 고통의 근원이 된 개인사가 있습니다. 친밀한 관계에서 말이 주는 긍정적 효과를 경험하지 못하고 자란 슬픈 성장사였습니다. 정작 자신이 가정을 이루었을 때 가족 모두에게 슬픔을 안겨주는 원인이 되었습니다. 이런저런 사정을 아버지에게 이야기할 때마다 더 모질게 맞아야 했던 슬픈 역사가 결국 아무 이야기도 하지 않으려는 왜곡된 현실의 행동 패턴으로 나타났습니다.

남편 분의 문제는 감정불감증으로 요약할 수 있습니다. 타인의 감정은 물론 자신의 감정도 제대로 느끼지 못한다는 것입니다. 지금 남편에게 남은 잔여 감정은 '고통스러운 것은 싫다' 하나뿐입니다. 그 외 수많은 감정에는 무관심하고 무딥니다. 그래서 침묵으로 이 모든 감정을 덮고 있다가 고통스러운 일이 벌어지려고 하면 미안하다는 말 한마디로 피해버립니다. 그것이 습관이 되었습니다. 이 과정에서 아내 분은 암까지 걸렸습니다.

이 남편을 자기중심적이고 이기적이라고 비난할 수도 있습니다.

그러나 성장 과정을 본다면, 정상적 감정 발달이 생존에 걸려 멈추었다고 보아야 합니다. 친밀한 관계를 맺기에는 감정을 느끼는 능력이 지나치게 부족하고 표현이 과하게 억제된 사람이라고 보아야 합니다. 결국 아내와 자식을 불행하게 만들 수밖에 없는 사람입니다. 그는 언제쯤 자신의 감정을 느끼고 표현할 수 있을까요. 그리고 그 후 언제쯤 아내와 아이들의 감정을 느끼고 응대해줄 수 있을까요.

그의 아버지는 무지막지한 학대가 손주 대까지 영향을 미칠 줄 알았을까요. 직접적 원인인지는 알 수 없지만, 며느리가 암에 걸리기까지 겪었던 스트레스의 뿌리가 자신이 들었던 몽둥이라는 것을 알았을까요. 그리고 남편 분. 성인이 되고도 괴로움을 당하지 않자고 애꿎은 아내와 자식마저 정신적으로 죽인다면, 사람으로서 할 일이 아니잖느냐는 제 말에 침묵했습니다. 저는 침묵하는 사람이 아니라 과묵한 사람으로 남으시길 바란다는 말을 건넸습니다. 과묵과 침묵 사이. 멀고 먼 사이입니다.

아이를 낳았다고 다 부모가 아닙니다. 아이의 감정이 다치지 않게 하려는 사람이 부모입니다. 결혼했다고 다 부부가 아닙니다. 배우자의 말을 들어주고 감정을 나누려고 해야 부부입니다. 과묵이 미덕인 것은 일할 때나 가능합니다. 가정은 직장이 아닙니다. 관계에서 침묵은 단절을 부르는 악덕입니다. 말해야 할 때 말하는 사람이 사람다운 사람입니다.

제대로의 힘

　어중간하게란 이것도 저것도 아닌 상태입니다. 어정쩡하게, 대충과 비슷한 말입니다. 살다 보면 우리 인생에 크고 작은 문제가 생깁니다. 어쩌면 인생은 평생 문제를 해결하는 과정이기도 합니다. 문제를 해결하려고 할 때 가장 쉽게 빠질 수 있는 유혹이 어중간하게, 대충하려는 마음입니다. 그리고 뒤늦게 알게 됩니다. 그런 마음이 해결에 가장 큰 장애물이었다는 것을. 어중간하게 해도 다 풀어질 문제는 없습니다. 그러니 제대로 대해야 합니다.
　한 중년 남성이 어머님 문제로 상담자를 찾았습니다. 어머니가 당신의 어린 시절부터 지금껏 평생 겪으신 고생담을 장남인 자기에게 10년째 반복해 털어놓는다는 것입니다. 만날 때뿐만 아니라 수시로 전화까지 해 말씀하시니 듣기 지쳤다고 합니다. 워낙 많이 들어서 다 외울 정도인데 어머니는 같은 레퍼토리를 또 말한답니다. 그러면서 이분이 상담자에게 물었답니다. 도대체 왜 어머니는 한 이야기를 자꾸 또 하는 걸까요.

상담자는 짧게 말했습니다. "들어주지 않아서 그렇습니다." 상담자의 말에 기가 막혔는지 이분이 반발했습니다. "제가 10년간 계속 들어드리고 있는데요." 그러자 상담자가 물었습니다. "한 번이라도 제대로 들어드린 적이 있으세요?" 이 말에 꿀 먹은 벙어리가 되었다고 합니다. 머리를 망치로 맞은 듯했답니다. 가만 생각하니 늘 어머니 하소연에 짜증이 나서 건성으로 들었지 한 번이라도 제대로 마음을 다해 들어드린 적이 없더라는 것입니다. 어중간하게 들어드리니 같은 하소연이 10년째 이어졌습니다.

결혼한 지 10년이 넘은 남성 분들을 상담하면서 알게 된 것 가운데 하나는 남편들이 아내에 대해 공통적으로 가지는 큰 불만이 있다는 것이었습니다. 아내가 신혼부터 지금까지 남편에게 당한 고통과 상처를 조목조목 말한다는 것입니다. 토씨 하나 틀리지 않게 이야기하는데 많은 남편들이 질려버린다는 거지요. 녹음테이프 돌아간다는 말로 표현되는 아내들의 하소연은 짧게는 10분에서 길게는 몇 시간짜리도 있습니다.

집 안 청소를 좀 깨끗이 하라고 말하는 순간, 언제 청소기 하나 변변한 걸 사 준 게 있느냐로 시작되어 또 이놈의 녹음테이프가 돌아간다고 합니다. 그런데 남편들은 죽었다 깨어도 그 이유를 모르겠다고 합니다. 남편 입장에서는 이미 지나간 옛날이야기를 꺼내 지금 어찌

하겠다는 건지 도무지 이해할 수 없다는 것입니다. 사실 상담하는 저로서도 아내들의 녹음테이프가 돌아가는 원인이 궁금했습니다. 그래서 상담하러 가는 길에 들르는 식당에서 일하시던 여성, 상담소에 있는 여선생님, 친척들에게도 녹음테이프 현상의 이유를 물어보는 일을 반복했습니다. 그러다 샌드위치 가게를 하시던 여주인에게서 정확한 답을 들었습니다.

"언제 제대로 한 번 풀어준 적이 있어야죠."

짧은 이 한마디에 그때까지 들었던 많은 여성들의 이야기가 다 들어 있었습니다. 제대로 한 번 풀어준 적이 없었으니 했던 이야기를 끊임없이 되풀이하는 녹음테이프 현상이 나타났던 것입니다. 남편들은 지금 당장 눈앞에 있는 문제를 해결하는 데 급급했습니다. 그러다 보니 살면서 켜켜이 쌓인 아내 마음속 상처와 고통이라는 문제를 온전히 보지 못했습니다. 그러니 그 문제에 필요한 사과와 위로라는 약을 주는 데도 인색하거나 무지했던 것입니다. 대충 사과하고 얼렁뚱땅 넘어가려는 마음으로 건성으로 들어주니 아내의 갈증은 더 심해집니다. 그래서 기회가 올 때마다 아내는 했던 이야기를 또 끄집어내 녹음테이프를 돌립니다. 제대로 한 번 풀어주면 끝날 일이 눈앞의 문제만 해결하다 보니 10년이고 20년이고 계속됩니다.

계속 돌아가는 녹음테이프는 여성만의 문제가 아닙니다. 남편과 아내의 위치를 바꾸어도 마찬가지입니다. 남편 역시 풀리지 않던 감정의 문제가 10년이고 20년이고 계속 돌아가기도 합니다. 하지만 남자의 성향상 상대가 듣도록 크게 스피커로 틀지 않습니다. 이어폰을 꽂고 혼자 듣다가 시무룩해집니다.

어느 고등학교에 물을 유난히 겁내 수영을 못하는 학생이 있었습니다. 학생은 전교 1등이기도 했습니다. 여름 체육시간에 친구들과 다이빙장에 가게 되었습니다. 다이빙대에 올라가 부들부들 떨던 학생이 결국 뛰어내렸습니다. 올라올 시간이 한참 지났는데도 올라오지 않았습니다. 친구들과 선생님이 놀라서 물로 뛰어드려는 순간 학생이 천천히 물 밖으로 머리를 내밀며 올라왔습니다. 친구들이 놀라서 물었습니다. 왜 금방 나오지 않았느냐고. 그러자 학생이 말했습니다. 바닥까지 가보고 싶었다고. 내가 왜 이렇게 물을 무서워하는지 알고 싶어서 못하는 헤엄을 쳐 다이빙장 바닥까지 내려갔었노라고. 그 후 소년은 더 이상 물을 두려워하지 않게 되었다고 합니다. 막상 바닥까지 내려가 보았더니 두려움의 실체가 없었던 것입니다.

이렇게 바닥까지 내려가 보는 행위는 자신의 두려움을 제대로 마주해보는 경험입니다. 두려움의 실체를 향해 자신을 끝까지 몰고 가는 마음을 우리는 용기라 부릅니다. 소년이 자신의 문제를 회피하지 않고 제대로 직면하자 거짓말처럼 문제가 해결되었습니다. 저는 이 학생 이야기를 듣고 이런 마음과 의지가 있어 전교 1등도 하는구나 하고 생각했습니다.

'제대로'는 힘이 셉니다. 문제 해결에 탁월한 효능을 지닌 특효약입니다. 신동엽 시인의 〈껍데기는 가라〉는 시가 있습니다. 문제 해결에

도움이 되지 않는 껍데기는 '어중간하게'라는 이름의 껍데기입니다. 매미가 탈피할 때 그 껍질을 강제로 벗기면 기형이 될 가능성이 높습니다. 잘 벗은 허물은 선퇴라 하여 약재로 쓰입니다. 하물며 매미도 제대로 껍질을 벗습니다. 제대로 벗어야 비로소 매미가 됩니다. 세상 일이 매미의 탈피와 다르지 않습니다. 제대로 해야 제대로 풀립니다.

사람을 대하는 방법

살면서 겪는 대부분 고통은 관계에서 옵니다. 특히 사람을 자기 뜻대로 조종하려고 하면, 관계는 틀어지고 왜곡되며 결국 파국을 맞습니다. 내 뜻을 이루기 위해 사람을 대하는 방법에는 크게 다섯 가지가 있습니다.

가장 값싼 수단: 폭력

다른 사람이 즉각 내 말을 듣게 하는 가장 값싼 수단이 폭력입니다. 찡찡대는 아이를 힘껏 쥐어박으면 아이는 즉시 뚝 그칩니다. 조용하게 하려는 내 뜻을 가장 빠르게 실현하니 속이 다 후련합니다. '역시 이럴 때는 매가 최고야' 하는 마음이 생깁니다.

즉각성과 수월성은 쾌감을 줍니다. 그래서 폭력은 한 번 맛보면 좀체 끊기 어려운 마약 같은 수단입니다. 일단 아이를 때린 부모, 일단 아내를 때린 남편은 폭력의 고리에서 벗어나기 힘듭니다. 폭력이 가장 값싼 수단인 까닭은 아무런 노력을 기울이지 않아도 되기 때문입니다. 즉 원가가 거의 제로에 가깝습니다. 그저 속에서 욱하고 치밀어 오를 때 손이 올라가고 발을 내지르면 됩니다.

또 한 가지는 싼 게 비지떡이라는 것입니다. 다르게 말하면 가장 효과 없는 수단이라는 것입니다. 폭력을 당한 상대는 반성하지 않습니다. 아파서 마지못해 굴복했을 뿐 폭력 당했다는 사실에 분개합니다. 힘이 있으면 언젠가 되갚겠다는 대응적 폭력을 다짐합니다. 힘이 없으면 관계를 끝내고 도망갈 궁리를 합니다. 결국 가장 값싼 수단은 눈앞에서만 효과 있을 뿐 부작용과 후폭풍이 훨씬 큽니다. 상대를 굴복시키는 저급한 수단일 뿐입니다.

폭력에는 상대를 향한 폭행과 자신을 향한 자해 두 가지가 있습니다. 둘 다 가장 값싼 수단의 대표적 유형입니다. 폭력을 쓰는 남편이나 아내를 두면 경제적으로 아무리 윤택해도 가장 밑바닥 인생을 살게 됩니다.

값싼 수단 : 화

화 역시 다른 사람을 내 뜻대로 조종하는 값싼 수단입니다. 버럭 소리를 지르고 핏대를 올리면 상대가 움찔 놀라 내 말을 듣습니다. 많은 부모와 부부가 이 값싼 수단을 애용합니다. 사람은 마음이 평온한 상태를 좋아합니다. 상대가 화를 내면 상황부터 빨리 수습하여 평온한 상태로 돌아가고 싶어 합니다. 어지간히 싸울 일이 아니면 화를 풀어주려고 사과하거나 상대가 원하는 대로 시늉이라도 냅니다. 그럴 때 화낸 사람이 하는 말이 있습니다.

"꼭 화를 내야 말을 들어."

실상은 그렇지 않습니다. 착각입니다. 화가 싫어서 들어주는 척할 뿐입니다. 폭력보다는 상대가 깊은 원한을 덜 가지겠지만, 즉각적 효과도 적고 상대를 조종하는 힘도 크지 않습니다. 결국 상대를 조종한 만큼 잃게 되는 방법입니다.

보통 수단: 대화

선은 이렇고 후는 이렇다, 좌는 이렇고 우는 이렇다. 이렇게 마음속 원하는 바를 이야기로 차분하게 푸는 것이 대화입니다. 폭력이나 화보다 훨씬 많은 에너지가 필요해서 보통 수단입니다. 대화를 통해 양측은 서로 원하는 것을 확인하고 협상을 합니다. 결렬될 수도 있고, 양보로 다가설 수도 있습니다.

비싼 수단: 감동

감동은 고가의 수단입니다. 감동을 주기 위해서는 상대가 원하는 것, 내가 원하는 것을 명확히 알아야 합니다. 가장 극적인 순간에 실현시켜 상대가 감탄하게 해야 합니다. 흔히 눈물이 나오는 현상이 동반되며, 상대의 동공이 커집니다. 행복이 상대의 눈에 비치며, 이런 감동을 준 나에게 무엇이라도 보답하고픈 마음이 생깁니다.

그런데 감동은 최고가가 아닙니다. 감동이 순간이듯 효과도 일시적입니다. 감동은 고이기도 하지만 휘발되기도 합니다. 지속되기보다는 문득 생각나 뭉클합니다. 상대에게 지속적으로 영향을 주지는 못합니다.

가장 비싼 수단: 감화

감화란 상대가 나의 일거수일투족에 깊이 공감하는 체험입니다. 아, 저렇게도 생각할 수 있구나, 저렇게도 배려의 마음을 행동으로 나타낼 수 있구나, 나도 저렇게 살고 싶다는 소망이 생기는 상태가 감화입니다. 감화는 내가 어떻게 하라고 하지 않아도 상대가 스스로 내가 원하는 상태를 살고자 결단하게 합니다. 그 지속성이 영구합니다. 한결같이 실천하려고 노력합니다.

감화는 가장 고가의 수단입니다. 먼저 나를 최고의 성숙한 인격으로 가꾸어야 합니다. 스스로 품격과 격조를 지닌 인격체가 되는 것만이 다른 사람에게 감화를 줄 수 있는 유일한 방법입니다. 끊임없이 노력하고 수행해야 합니다. 폭력이 아무 노력 없이 감정대로 마구 날뛰는 상태라면, 감화는 모든 에너지를 쏟아 노력해도 도달하기 어려운 상태입니다.

사람의 인권은 평등합니다. 하지만 인격은 평등하지 않습니다. 사람을 대하는 태도에 따라 수준의 차이가 납니다. 폭력을 쓰는 사람의 인격과 감화를 주는 사람의 인격이 같을 수는 없습니다. 결국 선택입니다. 나의 선택이 나의 가치를 결정합니다.

특별한 예물

오랜만에 점심시간에 제자를 만났습니다. 이야기를 나누던 중에 제자의 남편 이야기가 나왔습니다. 대학생인 두 딸과 머리를 맞대고 수학이나 과학 문제를 푸는 남편을 보고 있으면 여러 감정이 든다고 했습니다. 예전에는 남편이 장가를 잘 왔다고 생각했는데, 지금은 자기가 좋은 남자를 만났다고 느낀답니다.

그런 남편이 궁금해 물었습니다. 아이들이 어리지도 않고 대학생인데 아버지와 함께 문제를 푼다니 대화가 아주 잘 통하느냐고 말이죠. 아이들이 어린 시절부터 그랬다고 합니다. 무슨 말이냐고 물었더니, 어릴 때부터 아빠가 자상하게 모든 것을 설명해주고 대화를 나누어왔는데 여전히 익숙하다고 합니다. 제자의 이야기는 결혼할 때로 거슬러 올라갑니다.

결혼을 약속하고 남편이 좋은 예물을 해줄 수 있느냐고 하더랍니다. 집안 형편이 좋지 않았던 제자는 그 말이 무척 신경 쓰이고 부담스러웠지만 사랑하는 사람이 원한다니 빚을 내서라도 최대한 원하는 것을 해주겠다고 생각했답니다. 얼마 후 용기를 내서 원하는 예물이 무엇이냐고 물었답니다. 그러자 남자는 좋은 것인데 과연 가능할지 모르겠다면서 두 가지 예물을 요구했답니다. 결혼하고 아이가 태어나면 평생 '하지 마'와 '안 돼'라는 두 말을 하지 않겠다는 약속이었습니다.

제자는 너무 허탈하고 어이가 없어 웃었답니다. 고가의 비싼 예물을 예상하고 잔뜩 긴장했는데 돈 드는 물건이 아니라 두 가지 말을 하지 않기라니. 그래서 아니 그게 뭐가 어렵냐, 꼭 지키겠다고 했답니다. 그러자 남편은 네가 당신 형편을 잘 아니까 그것 말고 다른 건 일절 필요 없다며, 약속한 예물은 꼭 받고 싶다고 했답니다.

결혼하고 두 딸을 낳고 키웠습니다. 오래 지나지 않아 이 특별한 예물이 세상에서 가장 힘든 것을 알게 되었다고 합니다. 어린 자식이 위험한 물건을 만지기라도 하면 "안 돼"라는 말이 자기도 모르게 나왔습니다. "하지 마"라는 말 역시 자동으로 나왔습니다. 그럴 때마다 남편은 아이들이 잠든 밤에 약속을 지켜달라고 다시 부탁했다고 합니다.

"아, 내가 오늘 그랬어? 나도 모르게 습관이 돼서 그랬나 보네. 내일부터 조심할게." 그렇게 남편과 이야기하며 의식적으로 '하지 마'와 '안 돼'를 사용하지 않는 연습을 하게 되었습니다. 그러자 그 두 말을 하지 않고도 다르게 말하는 법을 알아가게 되었고, 점점 하지 않게 되었다고 합니다. 신기했습니다.

호기심을 참지 못하고 제가 물었습니다. 그럼 그 두 말 대신 어떻게 말하면 되느냐고. 제자가 웃었습니다. 그게 무지 고민되었다는 것입니다. 간단히 '하지 마'라고 하면 될 것을 다르게 말하려니 너무 막막하더라는 겁니다. 결국 고민한 끝에 찾은 방법은 설명이었습니다. 아무리 아이가 어려도 하지 말아야 할 행위에 대해 설명을 해야 했다는 것입니다. 이건 이러해서 위험해. 그래서 엄마는 네가 저러한 행동을 하면 좋겠어, 하고 말입니다. '안 돼' 역시 친절하게 설명하는 것 외에는 달리 방법이 없었다고 합니다. 그리고 남편을 보니 남편은 이미 아이들이 태어난 후부터 늘 자상하게 설명해왔다는 것을 깨달았다고 합니다. 아내에게 특별한 예물을 요구했지만 스스로 먼저 그 예물을 아내와 아이들에게 선물해주고 있었던 것입니다.

저는 제자의 남편이 무척 궁금했고 한번 보고 싶어졌습니다. 제자에게 물었습니다. "아니, 어떻게 남편은 그런 특별한 예물을 아내에게 요구한 거지?" 제자도 나중에 알았는데, 남편이 어린 시절에 엄마에게 겪은 일이 한이 되었다고 합니다. 남편은 똑똑한 아이였습니다. 교육열이 남달랐던 엄마는 이런저런 학원에 보냈는데, 강남에 살면서도 종로에 있는 컴퓨터학원에 보냈다고 합니다. 원하지 않아도 엄마 뜻에 따라 멀리 버스를 타고 오가는 컴퓨터학원이었습니다. 친구도 없다 보니 초등학생 아들은 슬슬 학원을 빠졌고 엄마에게 학원에 다녀왔다고 거짓말했습니다. 어느 날 이 사실을 안 엄마가 몹시 흥분했습니다. 근처에 있던 사과상자의 나무 판때기를 뜯어 때리기 시작했습니다.

몽둥이도 아닌 거친 널빤지로 맞은 아들은 무섭고 서러웠습니다. 왜 안 가는지 묻지도 듣지도 않고 화만 내며 때리는 엄마가 싫었습니다. 게다가 엄마는 그동안 다녔던 다른 학원도 모두 그만두게 했습니다. 그때 엄마가 한 말이 "다 그만둬. 하지 마!"였습니다. 졸지에 매를 맞고 다니고 싶었던 다른 학원도 그만두어야 했습니다. 아이는 서럽고 분했습니다. 하지만 대항할 수 없었습니다. 다니고 싶은 학원은 보내달라고 했지만 돌아온 말은 "안 돼!" 한마디였습니다. 그때 아이의 마음에는 '하지 마'와 '안 돼'가 세상에서 가장 힘들고 싫은 말이 되었습니다. 그리고 결심했습니다. 나는 평생 '하지 마'와 '안 돼'라는 말을 쓰지 않겠다고. 그 후 여자를 만나 결혼하게 되자 여자에게도 그 두 가지 말을 하지 않기를 당부한 것입니다.

제자의 설명을 듣고 나자 머릿속이 복잡해졌습니다. 그 남편에게 알 수 없는 커다란 연민이 느껴졌습니다. 대단한 사람이었습니다. 제게는 적어도 작은 영웅으로 느껴졌습니다. 자신의 문제에 매몰되지 않고, 그것을 넘어서서 자상하고 다정한 아빠로 새로 태어났으니 참으로 대단합니다. 자기 문제에 빠진 사람이 문제를 반복하면서 주변 사람을 두고두고 괴롭히며 평생을 보내는 경우가 허다합니다. 이 아버지처럼 자신의 괴로움을 각고의 노력을 통해 가족의 즐거움으로 승화시키는 경우는 가뭄에 콩 나듯 드뭅니다. 제자에게 다음에 꼭 남편과 함께 식사를 하고 싶다는 바람을 전했습니다.

거짓말하는 남편 고치기

상담자로서 이틀간의 부부캠프를 다녀왔습니다. 부부캠프는 갈등으로 힘들어 하는 부부들 가운데 자신들의 문제를 해결하기 위해 신청한 분들을 모아 1박 2일간 진행하는 부부갈등해결 집단상담 모임입니다. 그곳에서 들은 한 부부의 사연이 특이했습니다. 결혼하고 30년 동안 거짓말로 점철된 삶을 살아온 남편에 대한 이야기였습니다. 그 남편이 여러 부부 앞에서 말했습니다. "결혼하고 30년이 지난 지금 아내에게 미안해서 요즘은 밥하고 반찬하고 빨래도 하면서 양보하고 삽니다." 모두 놀라워하며 박수를 치려는 순간 남편이 덧붙였습니다. "거짓말이고요, 앞으로 그렇게 하려고요." 순간 이건 뭐지, 하는 생각이 들었습니다. 뒤에 거짓말이라고 할 것이면 처음부터 있는 그대로 말하지, 왜 그랬을까, 궁금했습니다.

옆에 앉은 아내의 표정이 재미있었습니다. 남편이 말하는 동안 표정의 변화가 없었습니다. 뒤에 거짓이라고 고백할 때도 그대로였습니다. 이런 남편의 거짓말에 이골이 났다는 표정, 바로 그것이었습니다. 그때부터 아내는 남편이 얼마나 거짓말을 많이 하는지, 한참 동안 폭로를 이어갔습니다. 그러고 제발 이젠 거짓말하지 말고 사실대로 말하기를 바란다고 간곡히 말했습니다.

거짓말을 밥 먹듯 하면 사회생활은 어떻게 할까요. 예상과 다르게 남편의 사회생활은 100점이라고 했습니다. 분위기 메이커로 통하고 사교성이 뛰어나다고 했습니다. 제가 아내 분에게 남편이 왜 거짓말을 밥 먹듯 하는 것 같으냐고 물었습니다. 그러자 아마 숨기고 싶은 게 있기 때문일 것이라고 답했습니다. 30년을 속으며 살았는데, 원인을 그것 하나밖에 발견하지 못했느냐고 하자, 아내 분은 그것 말고 또 뭐가 있겠냐고 되물었습니다. 저는 대답 대신 불쑥 남편에게 어린 시절에 어떻게 살았느냐고 물었습니다. 부모 형제의 사랑을 전혀 받지 못하고 자랐다고 했습니다. 삼형제 가운데 둘째라 이리 치이고 저리 치이는 구박 덩어리였다고 합니다. 그러면서 지금은 처자식에게도 사랑을 받지 못하고 산다며 자신의 인생이 불쌍하다고 했습니다.

왜 결혼생활 30년간 거짓말을 해왔는지 알 것 같았습니다. 사람이 거짓말하는 이유는 간단합니다. 거짓말을 하면 뭔가 좋은 게 있기 때문입니다. 만약 거짓말을 해서 인생이 파탄에 이르거나 극심한 고통을 겪는다면 하라고 해도 하지 않을 것입니다. 거짓말로 득이 되는 게 있었기 때문입니다. 거짓말로 얻는 이득은 다음의 몇 가지로 정리

됩니다.

첫째, 거짓말은 초라한 나를 괜찮은 사람으로 느끼게 해줍니다. 사람들이 거짓으로 꾸민 나를 훌륭하게 평가해줍니다. 대학을 나오지 않았어도 명문대를 나왔다고 거짓말하면 사람들이 눈길을 주며 감탄합니다. 사실이 아니어도 그 순간만큼은 명문대생이 된 듯해 기분이 좋습니다. 불화한 가정에서 자랐어도 우리 부모님 금슬은 아주 좋다고 자랑하면 부러움을 삽니다. 그러면 어두웠던 가정에서 초라했던 내가 썩 괜찮은 나로 부상합니다. 당장은 내 말이 유일한 근거이다 보니 확인하기도 쉽지 않고 굳이 확인하지도 않습니다. 별 문제가 없게 되니 자꾸 거짓말하게 됩니다. 초라한 나를 멋지게 만드는 데는 거짓말이 가장 손쉬운 수단입니다. 집안도 학력도 직장도 재산도 거짓말로 그럴듯하게 부풀리면 사람들은 일단 감탄하고 그에 맞게 대우해줍니다. 들켰을 때의 비난과 창피보다 거짓말로 만든 자신을 보는 황홀이 더 큽니다. 그렇게 거짓말은 일상이 되고 고칠 수 없는 버릇이 됩니다.

둘째, 거짓말은 사람들과의 관계를 매우 부드럽게 만듭니다. 평범한 용모를 아주 멋지다고 치켜세우면 상대는 고마워하고 상냥해집니다. 어색한 차림도 개성 있다고 해주면 우쭐해 합니다. 그러면 술자리나 모임 등 사회생활이 즐거워집니다. 거짓말만큼 빠르게 분위기를 띄우고 좋게 해주는 것도 없습니다. 분위기 띄우는 용도로 그만입니다. 그런데 거짓말로 분위기 메이커가 되는 역할을 잘하게 되면 좀체 벗어나기 어렵습니다. 상대의 좋아하는 표정과 얼굴이 거짓말하는 나에게 엄청난 동기부여제가 됩니다.

셋째, 거짓말을 하면 야단맞거나 불이익을 당하지 않을 수 있습니다. 부모님의 돈을 훔쳤다고 말하면 두드려 맞을 수 있고, 심할 경우 쫓겨날 수도 있습니다. 그러나 끝까지 오리발을 내밀면 맞지도 않고 일상을 그대로 누릴 수 있습니다. 왜 정직하게 말해서 맞고 쫓겨나겠습니까. 잠시만 양심을 외출 보내면 되는 일인데요. 그래서 자녀가 부모에게 거짓말하고, 부부가 서로에게 거짓말합니다.

넷째, 정직하게 말했을 때 돌아올 부정적인 반응을 명백히 알 때입니다. 합의를 거치지 않고 몰래 부모님이나 형제에게 용돈을 주고 있다는 사실을 배우자에게 말한다면, 분란이 생기거나 씀씀이가 조정될 수 있습니다. 돈의 사용을 두고 부부가 합의해야 하는 과정을 거치기가 번거로우니 거짓말하는 것입니다.

이렇게 거짓말로 얻을 수 있는 현실적인 이득은 많습니다. 그래서 이득을 맛본 사람은 여간해서 거짓말 중독에서 빠져나오기 힘듭니다. 술과 거짓말은 닮았습니다. 한 번 하기가 어렵지 일단 시작하면 그 뒤는 일사천리로 이어집니다. 할수록 늘고 그만두려 해도 끊기가 어렵습니다. 거짓말은 술, 담배, 도박처럼 중독이 될 수 있습니다. 중증의 거짓말은 자신의 의지로 끊기가 어렵습니다. 정직하게 살라고 아무리 말해도 소귀에 경 읽기입니다. 알겠으니 고치겠다는 약속도 새빨간 거짓입니다. 거짓말로 얻을 이득이 많다고 생각하는데 왜 그만두겠습니까.

부부캠프에서 거짓말로 얻는 달콤한 이익 네 가지를 모두 이야기하고, 모르긴 해도 남편 분은 지금까지 이 모든 이득을 다 누리고 살았을 것이라고 했습니다. 남편은 헛기침만 하고 아무 반박을 못 했습니다. 아내는 입이 벌어졌습니다. 30년간 모르고 살았던 거짓말의 엄청난 이득을 들었기 때문입니다.

아내 분에게 제 말을 따라 해보시라고 권했습니다. "거짓말은 속는 사람 책임이 절반이다!" 맞습니다. 거짓말은 속는 사람 책임이 절반입니다. 부모가 도덕적으로 너무 엄격하면 자식은 작은 잘못도 감히 사실대로 말하지 못합니다. 꾸지람이 너무 두렵기 때문입니다. 거짓말을 할 필요가 없도록 더 너그러워질 필요가 있습니다. 제 설명에 남편의 눈빛이 햇살처럼 반짝였습니다. 거짓말의 이득 네 가지 가운데 셋째와 넷째는 너그럽지 못한 상대의 기준과 관련이 있습니다.

다음으로 남편 분에게 말씀을 드렸습니다. 단기적으로는 자신이 근사해 보이지만 시간이 지날수록 비참해질 것이라고, 또한 당장은 분위기 메이커가 되겠지만 시간이 지날수록 늑대가 나타났다고 한 양치기 소년이 될 것이라고 말입니다. 그러면 가장 슬픈 일이 일어날 것이라고 경고했습니다. 나의 말을 사람들이 믿지 않는 때가 오면, 결국 그동안 거짓말로 얻은 것도 모두 잃습니다.

사람들에게는 묘한 점이 있습니다. 누가 거짓말하면 나쁘다고 고치라고만 할 뿐 왜 거짓말했는지 묻거나 생각하지 않습니다. 거짓말만 그런 것이 아닙니다. 내가 원치 않는 행동을 상대가 하면 그것을 싫어하고 하지 말라고 할 뿐 왜 그랬는지는 잘 살펴보지 않습니다.

정직한 사람이 정직으로 인정받으면 더 정직해집니다. 거짓말한 사람도 득을 보면 버릇이 됩니다. 윤리적 문제로만 볼 것이 아니라 행동의 이면을 살펴야 합니다. 이래서 좋고 저래서 싫다로만 끝난다면, 그것은 호감 아니면 실망일 뿐입니다. 관계에는 관심이 필요합니다. 그래야 유지되고 개선됩니다. 관심은 특별한 것이 아닙니다. '왜 그럴까?'라는 질문을 하는 마음입니다.

2부

마음

사랑의 예술

 한 여고생이 전교 1등이 되었습니다. 그리고 아파트에서 투신자살 했습니다. 엄마에게 남긴 유서에는 "이제 됐어?"라는 네 글자만 적혀 있었습니다. 그것만으로 말에 담긴 의미가 떠오릅니다. 오죽했으면 딸은 엄마가 가장 원했던 성적을 거둔 시점에 자살이라는 극단적 선택을 했을까요.
 이 사건을 보면서 미움의 반대편에 있는 사랑에 대해 생각하게 됩니다. 스스로 목숨을 끊은 딸은 엄마의 사랑이 간절했을 것입니다. 미래의 성공을 위한 엄마의 사랑이 아니라, 지금 느끼는 조건 없고 따뜻한 사랑이었을 것입니다. 그러나 번번이 막히고 차단되니 미움이 되어 차곡차곡 쌓였을 것입니다.
 미움은 결국 한이 되고, 엄마를 향한 가장 극적인 공격성으로 표현되었을 것입니다. 미움은 따로 존재하지 않습니다. 사랑과 함께 존재하는 감정입니다. 사랑을 받아야 할 대상에게 거부당하면 미움이 생깁니다.

어머니 역시 자신을 희생하며 딸에게 정성을 쏟았을 것입니다. 그런데 딸이 덜컥 생을 포기했으니, 그동안 희생한 자신의 삶은 무엇이 되겠습니까. 딸을 죽음으로 몰아넣은 엄마가 되어버리니 얼마나 기가 막히겠습니까. 엄마로서는 학대나 방임이 아닌 희생이었을 테니까요.

이 사건을 미움의 편에서 보면 엄마는 자식을 몰아붙인 비정한 사람이 되어 분노를 자아내게 합니다. 딸은 엄마의 마음을 몰라주고 스스로 목숨을 끊은 감정 조절에 실패한 사람이 되어버립니다. 그런데 사랑의 편에서 보면 엄마는 자식을 사랑하되, 사랑하는 방법을 몰라 딸이 자살할 수밖에 없게 만든 가련한 사람입니다. 딸도 엄마와 사랑을 주고받고 싶은 마음을 전달할 방법을 알지 못해 자살을 택한 불쌍한 사람입니다. 둘 모두 사랑을 갈망하고 사랑했지만 주고받는 방법을 몰랐던 안타까운 사람입니다.

여기서 사랑은 마음만으로 부족하다는 것을 새삼 깨닫게 됩니다. 사랑은 상대가 느낄 수 있도록 전하는 방법을 배워야 한다는 점에서 특별한 감정입니다.

사회심리학자 에리히 프롬이 저술한 《사랑의 기술》이라는 책이 있습니다. 원제는 'The Art of Loving'입니다. Art의 뜻으로 기술도 맞지만 저는 사랑의 예술이라고 하고 싶습니다. 사랑은 기술을 넘어 예술이라고 할 만큼 그 주고받는 방법이 섬세하고 다양합니다. 각자의 상황과 기질에 맞게 표현되어야 하는 예술작품입니다. 그러다 보니 사랑을 하되 사랑을 전하지 못하거나 느끼지 못하여 삶의 터전에서 번번이 넘어집니다. 가장 사랑하는 사람을 공격하거나 이 사건의 딸처럼 스스로를 공격합니다. 미움이 분노가 되고 더 커지면 공격으로 이어지는 과정입니다.

멈추는 방법이 있다고 믿습니다. 미움이 생길 때 원인이 된 사랑을 고요히 생각해보는 것입니다. 이 미움이 어디서 왔는지, 고요한 가운데 자신에게 물어보는 것입니다. 그러면 미움 아래에 사랑하고 싶고 사랑받고 싶은 갈망이 있음을 알게 됩니다. 미움의 원인이 실은 사랑이었음을 알게 되면, 미움의 부산물인 분노와 공격성을 벗어날 수 있습니다.

'내가 사랑을 많이 받고 싶었구나' 혹은 '내가 사랑을 많이 전하고 싶었구나' 하는 깨달음이 온다면 나와 대상에게 연민의 마음이 생깁니다. 우리의 마음에 잘못이 있지 않고 방법이 어긋났음을 안다면 안쓰러운 마음이 듭니다. 이를 측은지심이라고 합니다. 측은지심은 상대와 나에 대한 분노와 공격성 대신 연민의 감정이 들게 합니다. 그러면 자연스럽게 현실적인 대안을 생각하게 됩니다.

부부 관계에 대한 강의를 마치고 한 부인의 경험담을 들었습니다. 부부가 농장을 하는데, 남편이 삼겹살을 굽고 가꾼 상추며 깻잎을 준비하여 동네 사람들과 함께 먹으며 이야기하기를 좋아했다고 합니다. 그런데 문제가 있었습니다. 남편이 이 자리에서 모든 대화를 독점한다는 것이었습니다. 의과대학을 졸업하고 병원에서 인턴 생활을 하다 집에 잠시 온 아들이 그런 아버지를 보고 엄마에게 불만을 이야기했다고 합니다.

"엄마, 아버지는 왜 사람들이 듣지도 않는데 저렇게 혼자 떠들어. 아, 좀 그만하시라 그래." 그 말을 듣고 부인은 곤란한 입장이 되었다고 합니다. 남편에게 그대로 전하자니 아들에게 서운해 하고 화를 낼 것이 뻔했습니다. 그래서 고민하다가 저녁에 아들이 돌아가자 남편에게 말했다고 합니다. "여보, 애가 속상하대." 그러자 남편이 이유를 묻더랍니다. 아내 분이 말했습니다. "아니, 당신이 정성껏 고기도 굽고 채소도 마련해 대접하는데 사람들이 당신 이야기를 듣지 않으니, 아빠가 안됐다는 거지, 속상하고." 그 말에 남편은 "걔가 정말 그렇게 이야기했어?" 하더니 생각에 잠기더랍니다. 그러더니 아들이 언제 다시 집에 오냐고 묻더랍니다. 한 달쯤 있다 아들이 집에 오자 남편은 아들을 불러 학교생활 힘들 텐데 용돈 하라며 두둑하게 챙겨주었다고 합니다.

이야기를 전하는 아내 분이 대단해 보였습니다. 그야말로 사랑을 전하는 예술로 보였습니다. 아들 말대로 전했다면 부자 사이에 앙금이 생겼을 텐데, 아버지를 위하는 아들의 마음만 솎아내 표현하니 부자의 정이 더 좋아진 계기가 되었습니다.

사랑하는 사이에서 생기는 미움은, 그 사랑에서 연장된 마음입니다. 미움이 생길 때 곧장 분노로 갈 필요는 없습니다. 사랑으로 돌아가 살펴보면 관계를 여는 열쇠가 보일 것입니다.

관심과 간섭

　외국 어느 대학에서 있었던 일입니다. 새로 지은 두 대학 건물 사이의 이동로를 아름답게 만들고 싶었던 대학이 유명 건축가에게 설계를 맡겼습니다. 그런데 어찌된 일인지 건축가는 한 학기에 해당하는 여섯 달이 다 지나도록 설계도를 대학본부에 내지 않았습니다. 기다리다 못한 대학 담당자가 몇 차례 건축가를 찾아가 설계가 늦어지는 이유를 물었지만 조금만 기다리라는 말만 되풀이했습니다. 설계와 공사는 이루어지지 않았고, 수업을 듣기 위해 많은 학생이 이동로 없는 건물 사이 잔디 밭 위를 그냥 걸어 다녔습니다. 그런데 한 학기가 지나자 학생들이 걸어 다닌 잔디 위에 길이 나 있었습니다. 건축가는 그 길을 따라 선을 그려 이동로 설계도를 그렸습니다. 그 후 그 이동로는 학생들이 가장 좋아하는 아름다운 길이 되었습니다.

　저도 대학을 다니면서 건물과 건물 사이의 이동로를 걸었습니다만 대개 네모나고 직선이었습니다. 그런데 정작 우리가 주로 다닌 길은 늘 다녀 잔디가 사라진 곡선 길이었습니다. 보기에는 반듯한 건물 간 이동로가 실제로는 학생들의 외면을 받는 경우가 많습니다. 이동로 설계 하나만 놓고 보아도 왜 이 건축가가 유명한지 어렵지 않게 알 수 있습니다.

그렇다면 건축가가 설계를 위해 한 일은 무엇이었을까요. 학생들에 대한 관심입니다. 학생들이 어떻게 이동하는가, 학생들의 걸음에 따라 어떤 길이 만들어지는지 관심을 기울였던 것입니다. 건축가는 그 관심에 자신의 전문성을 입혔습니다. 결국 아름다운 길이 관심을 통해 탄생했습니다.

만약 자신의 전문성에 대한 자신감이 넘쳐 직선 이동로를 설계했다면 어땠을까요. 보기만 좋고 정작 길을 이용하는 학생들에게 외면당했을 수도 있습니다. 또한 대학 당국이 만들어놓은 길을 이용하라고 학생들에게 강요했다면 이는 간섭이라 하겠습니다. 만들어가는 길을 주의 깊게 살펴보는 것을 관심이라 한다면, 만들어놓고 사용할 것을 요구하는 것은 간섭이라 해야 할 것입니다.

사람과 사람 사이에 난 마음의 길도 대하는 태도에 따라 관심과 간섭으로 나눌 수 있습니다. 관심은 그 사람의 마음 길을 살피는 것입니다. 간섭은 내가 먼저 마음 길을 낸 다음 그리로 가라고 요구하는 것입니다. 사람은 태어나 죽을 때까지 관심을 원하는 존재입니다. 청소년기가 지나도 마찬가지입니다. 결혼해서는 배우자의 관심을 받고 싶어 합니다. 그런데 관심을 넘어 배우자가 사사건건 간섭한다면 관계의 결말은 불 보듯 뻔합니다. 이혼으로 가는 열차를 타게 됩니다. 친구도 관심을 가져주는 친구와는 우정이 평생 가지만, 간섭하는 친구와는 짧은 시간에 끝납니다.

사람은 그렇게 모순 덩어리입니다. 관심받기를 원하는 동시에 간섭을 하기도 합니다. 이유가 무엇일까요. 관심과 간섭은 하나의 직선 위에 있는 두 점이기 때문입니다. 간섭은 관심을 전제로 일어납니다. 간섭은 과한 관심이라 보면 됩니다. 그리고 간섭은 술과 비슷한 속성을 가졌습니다. 처음이 어렵지 일단 시작하면 습관이 됩니다. 술꾼들이 하는 말 가운데 '한 잔은 너무 많고, 천 잔은 너무 적다'는 말이 있습니다. 첫잔이 어렵지 시작하면 끝없이 마시게 된다는 말입니다. 간섭도 일단 시작하면 지속적으로 강도가 더해지는 속성이 있습니다. 하지 말아야지 하고 생각할 때는 이미 간섭중독이 된 후입니다.

관심이 간섭으로 넘어가는 계기에 주의를 기울여야 합니다. 그것은 급한 마음과 상대에 대한 못미더움입니다. 건축가가 빨리 마무리 지어야겠다는 마음에 급했다면, 학생들이 이리저리 다녀 여러 길이 나오니 믿어서는 안 되겠다는 마음이 들었다면, 결국 자신이 정한 대로 길을 그렸을 것입니다. 그리고 자신이 만든 길을 가지 않는 학생들을 탓했을 것입니다. 그렇게 탓하는 행위가 직접적으로 표현되면 간섭이 됩니다.

부모도 비슷합니다. 이러다 뒤처지지 않을까 하는 조급한 마음과 거북이처럼 느릿느릿 자기 하고 싶은 것을 하는 아이가 미덥지 않은 마음이 합해지면 자신도 모르게 한숨이 나오면서 잔소리라는 형태의 첫 간섭이 시작됩니다. 일단 시작되면 아이를 태운 채 브레이크 없는 간섭열차를 몰고 정신없이 달리게 됩니다. 영문도 모르고 올라탄 아이는 비명을 지를 수밖에요. 그런 아이에게 엄마는 말합니다. '이게 다 너 잘되라고 하는 소리야.'

관심은 평화지대입니다. 간섭은 전쟁지대입니다. 평화지대에 계속 머무는 사람들이 있는가 하면, 잠시 머물다가 전쟁지대로 가는 사람들이 있습니다. 그 차이는 조급한 마음과 상대를 못미더워하는 마음입니다. 그런데 두 마음 아래에는 '내가 옳다'는 신념이 자리 잡고 있습니다. 내가 옳고, 네가 그르다는 마음이 없으면 아무리 조급하고 상대가 못미더워도 주저하게 됩니다. 내가 옳다는 확신이 서지 않기 때문입니다. 자기 확신이 뿌리가 되어 조급성과 불신으로 가지를 뻗고 결국 간섭이라는 열매가 맺어집니다. 간섭을 하지 말아야지 하는 마음만으로 멈추지 않는 까닭이 여기 있습니다. 가지와 뿌리까지 들여다보고 모두 베고 뽑지 않으면 금세 간섭이라는 열매가 다시 열립니다.

간섭의 뿌리인 '내가 옳다'는 생각은 '나도 옳고 너도 옳다'는 사고로 확장되어 성숙해져야 합니다. 이것만 제대로 해도 관심의 평화지대에 오래 머물 수 있습니다. 만약 뿌리를 바꾸는 데 실패했다면 그래도 기회가 남아 있습니다. 조금 더 느긋하게 상대를 기다려주는 것이 방법입니다. 건축가가 기다렸듯이 아이를, 남편을, 아내를, 친구를, 부모를, 제자를, 동료를 기다려주는 것입니다. 그러면 처음에 부산스레 이 길 저 길을 가던 사람이 일정한 길을 가는 때를 보게 됩니다. 여러 길을 다녀봐야 한 길로 수렴됩니다. 상대를 믿어주는 것도 간섭으로 가지 않는 방법입니다. 믿고 있다는 한마디가 잘하겠다는 마음을 이끕니다. 건축가는 여섯 달 동안 이렇게 생각했을 것입니다. '내가 생각하는 길이 틀릴 수 있으니 상대를 믿고 기다리자.' 그가 간섭하지 않고 관심을 기울이는 방법이었습니다.

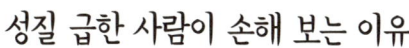

성질 급한 사람이 손해 보는 이유

성격이 급하다 보니 살면서 손해 볼 때가 많습니다. 주위를 둘러보니 성격 급한 사람치고 손해 보지 않는 사람 별로 없습니다.

예전 어느 커피숍에서 겪은 일이 생생하게 기억납니다. 그날은 핵주먹으로 알려진 헤비급 챔피언 마이크 타이슨이 경기를 치르는 날이었습니다. 커피숍에서는 세기의 대결을 텔레비전으로 보여주고 있었습니다. 여러 사람이 모여 커피를 마시며 타이슨이 경기하기를 기다렸습니다. 큰 경기가 그러하듯 작은 타이틀 매치를 먼저 보여주고 본경기는 한참 기다려야 했습니다. 앞 시합이 끝나고 이제 본경기가 시작되려고 했습니다. 텔레비전에는 타이슨의 지난 경기 장면이 나오고 있었습니다. 그때 한 남자가 뛰어 들어오더니 자리에 앉자마자 소리쳤습니다. "아아, 벌써 경기 시작했네." "야, 피해야지. 아이, 뭐 하냐 지금. 아이고."

사람들이 키득키득 웃으면서 쳐다보았지만 성질 급한 아저씨는 주위 시선을 전혀 의식하지 못하고 더 큰 소리로 경기에 몰입했습니다. 2회에 KO되는 장면을 보더니 "아이고, 또 끝나버렸네" 하더니 씽하고 순식간에 나가버렸습니다. 저를 포함해 사람들은 어이가 없어 함께 웃었습니다. 혼자 몇 분간 흥분하고 소리치다가 커피 값을 정신없이 치르고 나가는 모습에서 급한 성격이 얼마나 자신에게 손해를 끼치는지 단적으로 보았습니다. 그 후로 가끔 그 성격 급한 아저씨를 떠올리고는 합니다.

　성격이 급하면 왜 손해를 보게 될까요. 주위를 제대로 보지 못하고 급하게 결정을 내리기 때문입니다. 그러다 보니 성격이 급한 사람은 감정에 기반한 결정을 내리는 경향이 있습니다. 이성에 기반하지 않다 보니 잘못될 가능성이 높습니다. 불뚝성이 살인낸다는 속담은 감정에 못 이겨 큰일을 저지를 수 있음을 경고하는 말입니다. 사소한 일이야 감정에 따라 결정하고 행동해도 큰 손해를 보지 않습니다. 그러나 결혼이나 진학처럼 큰 결정은 신중을 기해 모든 정보와 조언을 취합해 차분하게 내려야 큰 손해를 막을 수 있습니다.

　성격이 급한 사람은 이러한 과정을 기다리지 못합니다. 빨리 결정을 내리고 싶어 합니다. 부족한 정보, 왜곡된 판단에 근거하여 중요한 결정을 내리고 맙니다. 또한 결정 후 곧바로 실천으로 옮깁니다. 그러나 일단 손실을 크게 입으면 결정을 내린 시간과 정반대로 두고두고 고통을 겪습니다.

성격 급한 것이 도움이 될 때도 있습니다. 무엇인가를 빠른 시간 안에 해내야 할 때입니다. 우리나라 사람은 빨리빨리 문화를 가진 민족이라는 소리를 많이 듣습니다. 그 역효과 때문에 부정적인 개념으로도 생각합니다. 그러나 빨리빨리가 있었기에 고속도로를 개통할 수 있었고, 빠르게 가난에서 벗어날 수 있었습니다. 또한 중동건설의 신화를 만들어낼 수 있었습니다. 빨리빨리가 있어서 월세방에서 부지런히 노력해 자기 집을 가질 수 있었습니다. 문제는 이제 급한 것이 필요한 시대가 지나고 음미하고 과정에 충실해야 하는 시대가 오고 있다는 것입니다. 그런 시대에 빨리빨리를 고수하면 여러 예상하지 못한 손해를 자신에게 끼칩니다. 술 한 잔을 마셔도 얼른 마시고 일어서는 것이 아니라 두런두런 이야기를 나누며 느긋하게 마시는 문화가 자연스러워졌습니다.

성격이 급한 사람에게는 슬픈 소식 하나와 기쁜 소식 하나가 있습니다. 슬픈 소식은 성격은 죽을 때까지 잘 변하지 않는다는 것입니다. 기질은 변하기 어렵습니다. 불가능에 가깝습니다. 그런데 하늘이 무너져도 솟아날 구멍이 있습니다. 바꿀 수는 없지만 관리할 수는 있습니다. 이것이 기쁜 소식입니다. 관리만 잘하면 아무리 급한 성격도 후회할 결정과 행동을 덜 할 수 있습니다. 삶의 질이 높아지고 고통이 줄어들 수 있습니다.

관리를 위해서는 먼저 내가 성격이 급하다는 것을 이해하고 받아들여야 합니다. 나는 성격이 급한 사람인가, 느긋한 사람인가, 잘 모르겠다면 방법이 하나 있습니다. 나를 잘 아는 세 명에게 물어보면 됩니다. 두 사람은 잘못 판단할 수 있지만 세 사람은 잘못 판단하는 경우가 적습니다. 만약 세 사람 모두 내가 급한 성격이라고 한다면 씁쓸하더라도 인정하고 받아들일 필요가 있습니다. 그리고 관리모드로 들어가는 것입니다. 그것이 내 인생에서 남는 장사입니다.

얼룩말의 마음

　도쿄대학교 논술고사에 얼룩말과 인생을 주제로 글을 쓰라는 문제가 나왔다고 합니다. 가장 높은 점수를 받은 수험생의 답이 궁금하지 않습니까. 그 답은 이랬답니다. 얼룩말은 검은 바탕에 흰 무늬가 있는지, 흰 바탕에 검은 무늬가 있는지 모르겠다. 사람도 모두 나쁜 사람들 가운데 좋은 사람이 있는지, 모두 좋은 사람들 가운데 나쁜 사람이 있는지 모르겠다.

　사람들이 아닌 한 사람 안에서도 얼룩말을 보고는 합니다. 저도 가끔 제가 나쁜 사람인데 좋은 행동을 하는지, 그 반대인지 헷갈릴 때가 있습니다. 어렸을 때 메뚜기를 잡아 강아지풀에 꿰어 집에 가져와 다리를 똑똑 뗀 적이 있습니다. 어린 마음에도 살아 있는 메뚜기 다리를 떼는 것이 메뚜기에게 못할 짓이란 생각이 들면서도 재미있기도 해 계속 다리를 떼고 있었습니다. 그때 아버지가 제 뒤로 오셔서 화들짝 놀랐습니다. 뭐라고 야단치실 것 같아서였죠. 그런데 아버지는 차분한 목소리로 말씀하셨습니다. "재미로 살아 있는 걸 해치고 싶은 마음이 드는 게 사람이지. 그런데 그걸 잘 조절하는 게 또 사람이야."

한국 아이들과 미국 아이들에게 아동유괴범에 대한 교육을 하는 장면을 EBS 방송에서 본 적이 있습니다. 교육 방법이 아주 달랐습니다. 한국에서 아이들에게 유괴범을 그려보라고 했더니 눈이 찢어지거나 얼굴에 큰 흉터가 있는 무서운 얼굴을 그렸습니다. 교사는 그런 사람을 조심하고 따라가지 말라고 가르쳤습니다. 그런데 미국에서는 평범한 얼굴 그림을 아이들에게 보여주고 누구나 유괴범이 될 수 있다고 가르쳤습니다. 그러면서 사람의 마음은 날씨와 같아서 언제든 흐린 날이 될 수 있다고 했습니다.

사람의 마음이 날씨와 같다는 비유가 인상적이었습니다. 얼룩말의 무늬가 간결하게 표현했다면 날씨는 보다 넓은 스펙트럼으로 표현하고 있었습니다. 누구나 유괴범이 될 수 있다, 사람의 마음은 날씨와 같다는 미국의 아동유괴범 예방 교육은 현실의 민낯을 고스란히 아이들에게 전해주는 것이었습니다. 방송을 본 후 사람을 볼 때마다 날씨에 빗대어 보는 습관이 생겼습니다.

지역마다 날씨가 달라서 일 년 내내 무더운 곳이 있는가 하면, 어둡고 흐린 곳도 있습니다. 지중해 같은 곳은 온화한 기온이 주를 이룹니다. 사람도 비슷해서 환한 모습이 주가 되는 사람이 있고 어두운 표정이 주가 되는 사람이 있습니다. 하지만 환한 사람도 때로는 어두운 모습이 되고, 어두운 사람도 환한 모습이 되는 것이 정상입니다. 항상 밝은 사람도 없고 항상 어두운 사람도 없습니다. 중요한 것은 주가 되는 마음을 밝은 것으로 택할 것인가, 어두운 것으로 택할 것인가에 따라 자신은 물론 다른 사람에게도 영향을 미치게 된다는 것입니다.

마음에 대한 공부를 하다 보니 정신의학이나 심리학에서 말하는 본능과 본능을 억제하도록 하는 초자아가 얼룩말의 두 색깔 무늬라는 것을 이해하게 됩니다. 본능이 검은 줄무늬라면, 초자아는 흰색 줄무늬라고 할 수 있습니다. 이 검은 무늬와 흰 무늬를 잘 어우러지게 하는 것이 중요합니다. 자아가 이 역할을 합니다. 초자아의 융통성 없는 도덕관도, 본능의 거침없는 욕망도 모두 필요하지만 현실 상황에 따라 욕먹지 않도록 조절하고 균형을 맞추는 역할을 자아가 합니다. 자아만 제대로 역할을 하면 검은 무늬와 흰 무늬가 조화를 이루는 아름다운 모습으로 살아갈 수 있습니다. 그런 삶이 확대되면 흐린 날보다 밝은 날이 많은 온화한 지중해 같은 사람이 될 수 있습니다.

얼룩말로 평생 살아야 하는 것이 사람의 인생입니다. 나도 내 곁에 있는 사람의 마음속에도 얼룩말이 어른거리고 있습니다. 얼룩말의 무늬를 조절하는 것은 나의 몫입니다. 평생 검은 무늬에 이끌려 살지, 흰 무늬에 붙잡혀 살지 아니면 두 무늬를 조절하며 살지, 나에게 달려 있습니다.

어떻게 나한테 이럴 수 있어

텔레비전 드라마에 단골로 등장하는 대사 중 하나가 "어떻게 나한테 이럴 수 있어?"입니다. 관계가 중요한 사회에 살다 보니 누구나 한 번쯤 믿었던 사람에게 상처받은 기억이 있을 것입니다. 그래서 이 대사에 공감하는 사람도 많습니다.

최선을 다해 부모와 형제에게 헌신해온 예순을 바라보는 남자가 있습니다. 헌신하다가 헌신짝 된다는 말처럼 이 남자는 요즘 서운하고 분해서 잠이 잘 오지 않습니다. 없는 집의 삼남매 중 둘째로 자라면서 젊은 시절 공장에서 어렵게 번 월급을 쪼개 여동생 학비며 생활비까지 뒷바라지했고, 맏이였던 형은 등한시해도 자신은 집안의 대소사를 빠짐없이 챙기고 돌보았습니다. 그런데 최근 피로가 겹쳐 쓰러졌고 응급실에 실려 갔습니다. 후유증으로 직장도 그만두게 되었습니다.

자신은 가난에 몰리고 병들었는데 어린 시절부터 보살핀 형제들은 이제 와서 나 몰라라 했습니다. 요즘 부쩍 어려워 그래도 먹고살 만한 여동생을 찾아가 형편을 이야기하고 도움을 청했습니다. 그러자 동생이 일주일쯤 후에 통장으로 겨우 10만 원을 보내 왔습니다. 그 돈 받은 지 얼마 안 되어 형의 환갑잔치에 갔더니, 여동생이 오빠 환갑이라고 100만 원을 보냈다며 형이 자랑하는 소리를 들었습니다. 죽어가는 작은오빠에게는 10만 원 보낸 동생이, 먹고살 만한 큰오빠 환갑에는 100만 원을 보냈다는 사실을 알고 분노와 허탈감이 엄습했습니다.

그 어렵던 시절에 형은 여동생에게 무심했어도 나는 학비까지 대주며 돌보아주었건만 막상 내 형편이 어려워졌을 때는 모른 척하는구나 싶었습니다. 게다가 큰오빠에게 그 정도 돈을 줄 여유가 있었다는 사실에 몹시 서운했습니다. 그날 이후로 밤에 잠도 오지 않습니다. 여동생이 나를 대하는 모습을 떠올리며, 어떻게 나한테 이럴 수 있는가 하는 생각만 든다고 했습니다.

저는 이분 말씀을 들으면서 "어떻게 사랑이 변하니?"라던 영화 〈봄날은 간다〉의 대사가 떠올랐습니다. 영원할 것 같은 남녀의 사랑도 변합니다. 형제간의 사랑과 정도 변합니다. 평생 은혜를 갚겠다던 어린 여동생이 가난의 끝자락에 몰린 오빠에게 달랑 10만 원 보내는 것으로 변했습니다. 그렇게 얼마 가지도 못하는 감정, 은혜를 모르는 행동이 불쑥불쑥 내 속으로 헤집고 들어오는 것이 우리 삶입니다. 머리 검은 짐승한테 잘해줘 봤자 소용없다는 말도 그런 서운한 감정에서 나왔겠죠.

부조리한 세상이어도 마땅히 지켜야 할 사람의 도리를 다한다고 했는데, 공연히 자신이 우스워집니다. 헌신하고 도리를 지킨 사람이 화병에 걸리고 우울증에 시달립니다. 어떻게 나한테 이럴 수 있느냐는 소리는, 그런 경우에 나오는 깊은 고통의 탄식입니다. 어떻게 해야 이런 괴로움에서 벗어날 수 있을까요. 결국 관계에 대한 기대를 비우는 수밖에 없습니다.

여동생과의 일을 바꿀 수는 없지만 그 일을 바라보는 관점을 바꿀 수는 있습니다. 관계를 보는 시선을 달리하면 원망하던 관계도 담담한 관계로 향상될 수 있습니다. 관계를 보는 각도의 변화와 시야의 확장을 통해 시선을 달리할 수 있습니다.

언제든 나한테 그럴 수 있다고 보느냐, 어떻게 나한테 그럴 수 있다고 보느냐에 따라 같은 일도 아주 다르게 다가옵니다. 세상이 부조리하다는 것을 받아들인 사람은 부모 형제나 다른 사람이 언제든 나한테 섭섭하게 할 수 있다고 봅니다. 그래서 그런 일이 일어나면 기분은 좋지 않지만 그렇다고 크게 상심하지도 않습니다. 이미 평소에 그럴 수 있다고 생각한 일이 실제로 일어난 것에 불과합니다. 이에 비해 세상이 부조리해서는 안 된다고 믿는 사람은 부모 형제를 비롯해 사람들이 나에게 정당하게 대해주기를 바랍니다. 그래서 바라는 대로 되지 않으면 크게 상심하고 분노합니다. 어떻게 나한테 이럴 수 있느냐는 말이 나옵니다.

현실에서 사람의 도리를 다하며 사는 사람은 많지 않습니다. 삶이 그리 호락호락하지 않다 보니 모든 관계에 잘할 수 없습니다. 게다가 사람의 자기중심성은 본능입니다. 이런 세상의 부조리를 믿는 사람은 땅 위에 발붙인 현실주의자에 가깝고, 부조리해서는 안 된다고 믿는 사람은 이상주의자에 가깝습니다. 현실주의자는 있는 그대로의 세상을 수긍하기에 담담하게 살 수 있지만, 이상주의자는 현실과의 괴리를 자주 느껴 삶이 버겁습니다.

늘 나에게 어떤 어려움도 생길 수 있다는 마음이, 어떻게 나한테 이럴 수 있느냐는 마음보다 나을 수 있습니다. 10만 원만 보내주는 여동생이 미울 것입니다. 하지만 여동생이 문제라는 기준은 자신이 정한 기준입니다. 어떻게 나한테 이럴 수 있느냐고 서운해 하는 내 감정이 문제일 수 있습니다. 성숙해진다는 것은 내가 보고 싶은 대로 세상과 사람을 보지 않고 존재하는 그대로의 세상과 사람을 보는 능력이 생긴다는 의미입니다. 인생은 대부분 씁쓸하다가 어쩌다 달콤합니다. 있는 그대로 삶의 모습을 받아들이는 시기가 빠르면 빠를수록 나의 마음도 가벼워집니다.

조금만 더

오후에 가게 문을 열고 새벽에 문을 닫는 식당 주인이 있습니다. 가게 문을 닫고 힘겨운 몸을 이끌고 집에 들어오면 세 살 난 아들과 아내가 정신없이 자고 있습니다. 아침에는 아내가 일찍 일어나 아들의 아침을 먹이고 어린이집에 데려갑니다. 그때 남편은 정신없이 자고 있습니다.

아이는 아빠 얼굴을 잘 기억하지 못합니다. 어린 시절부터 가난에 찌든 삶을 살아온 아빠는 연중무휴로 가게를 열며 안정될 날만 고대하고 있습니다. 멀리 외국에서 남편 한 사람 보고 시집온 아내는 아들과 보낸 몇 해가 창살 없는 감옥이었습니다. 하루도 쉬지 않는 남편 때문에 어디 한 곳 집 밖으로 놀러 가본 적이 없습니다. 부지런하고 성실한 남편이라는 것을 알기에 뭐라 불만을 털어놓기도 쉽지 않습니다.

남편은 '조금만 더'를 입에 달고 삽니다. 조금만 더 안정되면 그때 같이 놀러 가고 즐겁게 살자 합니다. 그런 남편의 마음을 모르지는 않지만 흐르는 눈물이 점점 많아집니다. 이러려고 이역만리에 시집온 건가, 슬픈 마음이 들었습니다. 아이를 어린이집에 보내고, 다문화센터에서 고국 사람들을 만나 마음을 나누는 것이 유일한 낙입니다. 그러다 부부가 사소한 일로 부딪치면 큰 싸움이 되고는 합니다. 사실 사소한 일은 구실에 불과합니다. 남편은 남편대로 아내는 아내대로 자기 심정을 몰라주는 상대에게 감정이 쌓여왔고 그것이 폭발한 것입니다. 조금만 더 기다려주지 못하는 아내에게 남편은 서운합니다. 더 이상 기다리기 힘든데 또 기다리라고 하는 남편에게 아내는 화가 납니다. 언제까지 기다려야 하느냐는 말에 남편의 대답은 늘 같습니다. 조금만 더.

어려서 가난을 경험하고 나이 들어 물려받은 게 없는 사람 중에 '조금만 더'를 삶의 철학으로 삼는 사람이 많습니다. 그리고 배우자와 자식들에게 조금만 더 참아달라고 부탁합니다. 그런데 정말 조금만 더 참으면 형편이 나아질까요. 그럴 경우도 있습니다. 그러나 조금 나아지거나 비슷한 수준으로 이어지는 경우도 많습니다. 삶은 유한하고, 형편은 쉽게 나아지지 않습니다. 그러다 보니 다치고 상하는 것은 유한한 삶을 살면서 인내를 강요받는 가족들입니다. 배우자와 아이들은 기다려주지 않습니다. 삶에서 유예된 행복이란 없습니다. 신혼에 누려야 할 행복을 10년 뒤 형편이 나아졌다고 누릴 수는 없습니다. 행복의 종류가 다르고 질이 다르기 때문입니다.

건강을 다 바쳐 재산을 가지게 되면, 이제 건강이 발목을 잡아 어디 한 곳 제대로 여행도 갈 수 없게 됩니다. 삶의 모든 시기마다 누려야 할 행복이 따로 있습니다. 시기를 놓치면 가질 수 없는 행복이 있습니다. 자녀가 어릴 때 함께 시간을 보내지 못했다면 중고등학생 때 같이 시간을 보내려 해도 아빠를 낯설어 하고 멀리합니다. 유예된 행복은 없기 때문입니다. 아이가 간절히 함께하기를 바라던 때, 골든타임을 놓친 비용을 치르고 싶지만 쉽지 않습니다. 부부 사이도 마찬가지입니다. 신혼 때 설레고, 결혼 초에 함께 즐거운 시간을 공유하는 것은 그 시기에 아무리 가난해도 누려야 할 행복입니다. 이런 행복을 뒤로 유예한다고 훗날 같은 행복을 누릴 수는 없습니다. 봄날은 가고 다시 오지 않습니다. 봄이 왔을 때 꽃구경을 가야지, 형편이 나아진 겨울에 꽃구경을 갈 수는 없습니다.

나에게 '조금만 더'는 사흘이지만 배우자에게는 삼십 년일 수 있습니다. 아내와 남편 그리고 아이는 기다려주지 않습니다. 지금이 행복할 때입니다. 조금만 더 고통을 감내하는 것은 혼자 살 때 최선이자 최고일 것입니다. 하지만 가정을 꾸린 후에는 최악이 될 수도 있습니다.

빈자리 심리학

사람의 마음은 묘해서 잘될 때는 당연하게 여깁니다. 그러나 힘들거나 어려운 일이 닥치면 오지 말아야 할 것이 왔다며 부당하게 여깁니다. 실제로는 정반대일 수 있습니다. 나에게 온 행운이나 기쁨은 우연일 수 있고, 슬픔이나 고통은 마침내 올 것이 오고 만 것일 수 있습니다.

어느 암 치료 전문의가 암으로 찾아오는 환자에게 빠짐없이 해주는 말이 있다고 합니다. "여태 나로 살아오셔서 생긴 병입니다. 그러니 이제부터 내가 아니게 살아가시면 됩니다." 스트레스와 피로는 암을 가져오는 양대 산맥입니다. 정신도 행복하지 않고, 신체도 행복하지 않으면 견디다 못해 생길 수 있는 병이 암입니다. 일단 정신과 몸의 습관을 바꾸어야 회복의 길도 보입니다.

도시에 살던 사람이 산으로 들어가 전혀 다른 공기와 물을 마시고,

한 번도 하지 않던 긴 휴식과 밭일을 하면서 살다 보니 병에서 벗어 났다는 이야기를 접합니다. 나로서 생긴 병이, 내가 아니게 되니 사라 진 것입니다.

일상생활 가운데 이미 갖춰진 좋은 것에는 눈을 돌리지 않고, 모자 라고 부족한 것에 눈을 돌려 근심하고 염려하며 사는 묘한 습성이 우 리에게 있습니다. 아들이 그림 퍼즐을 좋아하여 퍼즐을 맞춰 액자로 만들어준 것이 여럿 됩니다. 그 가운데 스위스 호수 풍경을 담은 천 개의 조각으로 맞춘 것이 있습니다. 그런데 액자에서 유독 눈에 띄는 부분이 있습니다. 딱 한 조각이 빠진 빈 곳입니다. 나머지 999개의 조각은 온전히 예쁜 호수와 산을 담고 있습니다. 그런데 볼 때마다 그 많은 999개는 눈에 들어오지 않고 단 한 개의 빈자리만 눈을 사로 잡으니 신기한 노릇입니다. 그걸 자꾸 보다 보니 삶까지 돌아보게 됩 니다. 제가 노력해 채운 자리를 보기보다 늘 하나 덜 채우고 만 자리 를 보며 스스로를 꾸짖고 벌주며 살아왔다는 생각이 들었습니다.

아들이 초등학교 2학년 때 담임선생님이 재미있는 분이셨습니다. 선생님은 아침마다 이렇게 말씀하셨다고 합니다. "안 온 사람 손들어 봐." 아들에게 듣고 한참 웃었습니다. 아이들은 이구동성으로 "선생 님, 안 온 사람이 어떻게 손을 들어요" 하며 자기들도 웃었답니다.

제가 강의를 가면 일찍 오신 분들도 있지만 시간이 지나도 아직 오 지 않으신 분들이 있습니다. 그럴 때 버릇처럼 빈자리가 눈에 띄고는 했습니다. 분명히 오신 분들이 더 많은데 버릇처럼 "아직, 덜 오셨네요"라고 말했습니다. 이 말에는 이미 와 있는 분들에 대한 주목과 인정이 빠져 있다는 것을 요즘 알게 되었습니다. 빈 조각에 초점을 맞추는 소리입니다. 온 분들은 뭐가 되겠습니까. 일찍 와도, 정각에 와도 정작 강사가 눈길을 주는 것은 오지 않은 사람인데.

요즘에는 이미 자리를 잡고 있는 분들에게 주목하려고 합니다. "이른 시간에 오시느라 고생하셨네요. 앞자리에 계신 분들 표정이 너무 좋으세요." 그러자 지금껏 경험하지 못한 낯선 풍경이 펼쳐졌습니다. 그동안 알아주지 않던 것을 인정받은 듯 짧은 제 말에 풍성한 반응들을 보여주었습니다. '나뿐 아니라 대부분 강사들이 자리한 조각보다 빈 조각에 마음을 쓰고 있었구나.' 새로운 깨달음이 왔습니다. 그 후로 삶에서 빈 조각을 보는 시선을 조금씩 거두고 찬 조각을 보려고 애쓰고 있습니다.

먼저 아내와 아들이 대상이 되었습니다. 며칠 동안 아내와 아들을 보며 속에 찬 조각들을 헤아려보니 반성과 고마움이 생겨났습니다. 참 고마운 사람이 아내였고 참 기특한 사람이 아들이었습니다. 보석이었는데 그동안 반짝이는 면면을 보지 않고 흠집 하나를 뚫어지게 보고 시정을 원하고 요구했구나, 반성하고 마음이 아팠습니다. 저에게도 약속했습니다. 앞으로 나는 나의 빈 조각을 보고 질책하지 않고 찬 조각을 보며 격려하고 칭찬하자. 그런 약속을 스스로에게 하니 세상이 달리 보이기 시작했습니다.

저는 이것을 빈자리 심리라고 이름 짓고 싶습니다. 빈자리에 눈길을 주는 본능, 이것이 빈자리 심리입니다. 이로 인해 본인의 삶도 타인의 삶도 얽매고 힘겨워진다는 것이 빈자리 심리의 핵심 내용입니다. 그렇다면 빈자리 심리의 결론은 뭘까요? 간단합니다. 빈 조각보다 찬 조각에 주목하라. 이것이 전부입니다.

집요함과 고집불통

세상에는 비슷한 듯 다른 게 있습니다. 그 가운데 하나가 집요함과 고집불통입니다. 올바른 전제에서 답을 지속적으로 찾아나가는 노력을 집요함이라고 한다면, 그릇된 전제에서 답을 지속적으로 찾아나가는 노력이 고집불통입니다. 지속적으로 답을 찾아나간다는 것은 동일하지만 전제가 전혀 다릅니다. 중요한 것은 노력이 아니라 노력에 선행하는 전제의 올바름입니다.

삶을 대하는 태도도 집요함으로 접근하는 사람이 있는가 하면 고집불통으로 다가서는 사람이 있습니다. 집요함과 고집불통을 가르는 기준은 전제의 올바름입니다. 전구를 발명하기 위해 수없이 많은 실험을 한 에디슨은 집요한 사람입니다. 은하수를 날아다니던 우주전함이 곧 한국에 올 것이라 믿고 사람을 모으는 조현병 환자는 고집불통인 사람입니다. 정신병이란 잘못된 전제하에서 올바른 추론을 하는 사람이라고 할 수 있습니다. 그런데 평범한 사람 중에도 집요한 사람과 고집불통인 사람이 있습니다.

어린 시절에 부모에게 상처받고 '부모가 나를 미워했고 그것은 내가 가치 없는 존재였기 때문'이라고 전제하는 사람이 있습니다. 어른이 되어서 모든 대인관계를 이 전제하에서 맺는다면 고집불통인 사람일 것입니다. 전제가 올바르지 않기 때문입니다.

아이는 가장 정확한 복사기이지만 가장 부정확한 해석기라고 합니다. 아이 때 부모와 자신에 대해 잘못 해석한 후 이를 전제로 자신을 규정하고, 수정하지 않은 채 그 틀에서 대인관계를 위해 노력한다면, 그것은 벽으로 머리를 뚫으려는 것이나 다름없습니다.

많은 자녀들이 그러하듯이 저 또한 성장 과정에서 부모님에 대해 서운하고 원망스러운 마음을 가지고 있었습니다. 원망의 주 내용은 '그때 엄마가 그러지 말았어야 하는 게 아닌가' 혹은 '그때 아버지가 나에게 그랬으면 안 되는 거 아닌가'였습니다. 그런데 이런 원망이 사라진 계기가 있었습니다. 몇 해 전 상담 중에 한 의사 분의 이야기를 들었습니다. 두 분 모두 의사였던 부부가 집단상담에 참여했는데, 아내 분이 살다 보니 자식이 부모에게 해서는 안 될 일이 하나 있더라고 했습니다. 호기심이 생긴 저는 그게 무엇이냐고 물었습니다. 그분은 '내 부모가 완벽한 존재라는 전제를 가지면 안 된다'고 했습니다. 부모는 신처럼 완벽한 존재가 아니라는 거지요. 그저 보통 사람이라는 것입니다. 부족하고 모자라고 실수하고 화내고 후회하는 그런 보통 사람 말이죠. 자식들은 그런 부모를 자꾸 완벽한 존재라고 착각하고 그때 왜 그랬느냐, 그러지 말았어야 하지 않았는가 하며 마음으로 시비를 걸고 원망한다는 것입니다.

부모는 그런 완벽한 존재가 아니고 될 수도 없는데 자식이 잘못 가정하고 전제한다는 말이었습니다. 이분의 이야기를 듣고 머릿속이 하얘졌습니다. '내가 나도 모르게 우리 부모를 완전하고 완벽한 존재로 전제하고 있었구나. 그 전제하에서 온갖 비난과 원망을 지금까지 해왔구나.' 순간 눈앞이 환해지면서 오랫동안 부모님을 원망했던 부정적 감정이 봄눈 녹듯 사라지는 걸 느꼈습니다. 지금까지 저는 부모님에 대한 태도가 고집불통이었던 것입니다. 그분 말씀 덕에 잘못된 전제를 버리고 올바른 전제를 가지게 되니 부모님이 다른 모습으로 다가왔습니다. 원망의 대상이 아니라 연민의 대상으로 변했습니다.

보통 사람이었던 아버지와 어머니가 온갖 시행착오를 거치면서 나를 키우느라 애쓰셨구나, 새삼 깨달았습니다. 부모님이 그렇게 했던 이유와 내가 받은 영향을 분석하고 스스로 위로했던 오랜 시간이 집요함이라고 생각했는데, 실은 잘못된 전제하에 고집불통으로 답을 찾으려 했다는 시도라는 걸 마침내 알게 되었습니다. 그날 이후로 저는 부모님에게서 많이 자유로워졌습니다.

우리는 살면서 문제가 생기면 괴로워하고, 그 괴로움을 풀기 위해 지속적으로 답을 찾습니다. 그것이 집요함이 될지 고집불통이 될지는 전제를 무엇으로 정하느냐에 달려 있습니다. 대전에서 남쪽으로 가는 열차를 타고 서울에 가기를 바란다면 아무리 간절한 마음을 가진들 서울로 가겠습니까. 인생에서 노력도 중요하지만 더 중요한 것은 전제, 즉 생각의 방향입니다.

참아서 울컥, 참다가 벌컥

우리는 금방 와닿지만 외국 사람은 이해하기 힘들 것 같은 감정이 있습니다. 일례로 섭섭하다는 감정을 외국어로 옮기기는 어렵습니다. 그런 감정 중 하나가 울컥과 벌컥입니다. 울컥과 벌컥은 한국인을 잘 나타내는 정서입니다. 둘 모두 참는 것과 관련돼 있습니다. 꾹꾹 눌러 참아서 울컥하고, 참다가 어느 순간 벌컥 합니다.

나를 보호하기 위해 우리는 이런저런 마음의 갑옷을 입고 삽니다. 그걸 정신의학에서는 방어한다는 의미와 일련의 체계란 의미를 담아 방어기제라 합니다. 한국 사람이 가장 많이 쓰는 방어기제는 '억제' 즉 참는 것입니다.

내일모레 출산인데 아빠와 통화하다가 눈물이 울컥 나더라는 소리를 들으면 우리는 그 딸의 마음을 어렵지 않게 헤아릴 수 있습니다. 새댁이 그간 결혼하고 마음고생이 많았나 보다 하고 말이죠. 무엇인지 모르지만 이런저런 어려움을 내색 않고 참아왔을 것입니다. 그러다 아빠의 목소리라는 마중물이 들어오니 저 마음 밑바닥 서러움이란 봇물이 울컥 올라온 것입니다. 시상대에 올라 금메달을 목에 걸고 애국가 연주에 주르륵 흐르는 눈물을 손으로 닦는 올림픽 출전 선수를 보면 우리도 울컥합니다. 선수도 울컥하고 보는 우리도 울컥하는 것은 동병상련이기 때문이죠. 우리도 각자의 자리에서 말없이 참으며 메달리스트가 되려 애쓰고 있으니까요. 금메달 딴 선수의 눈물이 마중물 되어 내 마음 밑바닥 힘겨움의 봇물을 와락 올리는 것입니다.

울컥하는 경우가 많다면 마음 밑바닥에 눌러둔 감정이 많은 것입니다. 그 감정이 사람마다 다르고, 한 사람 안에서도 몇 가지가 있다 보니 이 사람에게는 울컥한 것이 저 사람에게는 아무렇지도 않고, 한 사람 안에서도 자극에 따라 그 정도가 다릅니다. 결국 어떤 자극이 마중물이 되어 내 마음속 꼭꼭 눌러놓은 감정을 살짝 건드리면 감정의 웅덩이에서 봇물이 와락 위로 올라와 눈에서 눈물로 드러납니다. 그것이 '울컥'입니다.

울컥이 내 안에서 일어나는 자극과 감정의 만남이라면, 벌컥은 내 밖으로 나오는 자극과 감정의 만남입니다. 울컥의 결과가 나의 가슴 먹먹함이나 눈물이라면, 벌컥의 결과는 자극을 준 상대를 향한 직접적이고 공격적인 행동입니다. 우물이 차면 넘치고, 냄비 안의 것이 끓으면 넘치는 이치입니다. 그런데 벌컥은 쌓였던 화가 분출되는 것이므로 그 강도가 세고 정도가 매우 강렬합니다.

중국 속담에 짖지 않는 개가 사람 물면 뼈 속까지 문다는 말이 있습니다. 참던 사람이 한 번 화를 내면 매우 사납다는 말입니다. 하지만 벌컥의 효과는 매우 낮습니다. 이성을 잃은 상태이기 때문입니다. 상대 입장에서는 느닷없이 작은 자극에 지나치게 큰 화를 내는 모습이 당혹스럽습니다. 이게 그렇게 화를 낼 일인가 하는 마음이 드는 것입니다. 당사자야 오래 참아온 일이 하나의 자극으로 건드려져 한꺼번에 폭발한 것이지만, 벌컥 하는 순간에 이미 이성을 잃어 제대로 설명할 수 없게 됩니다.

프랑스 사람들은 화내는 자는 틀린다고 합니다. 화를 크게 내면 감정이 앞서 이성이 마비되고 사고력이 약화되므로 이치에 어긋나게 된다는 것이지요. 결국 인내의 끈이 끊어져 벌컥 화를 내게 되지만 자기 몸에 해롭고 상대에게 좋지 않은 인상을 남깁니다.

어느 남편이 회사 일에 지친 심신을 달래고자 명상을 시작했습니다. 점점 명상에 깊이 빠지게 되었습니다. 아내는 자신에게 소홀했던 남편이 명상한다고 집에 늦게 오고 주말에도 나가자, 여자를 만나는 게 아닌가 하고 의심했습니다. 의심은 점점 확신이 되어 여자도 만나지 말고 명상도 하지 말라고 요구했습니다. 억울한 남편은 아내의 억측에 해명도 해보고 참기도 했지만 계속되는 의심에 한계에 이르렀고 결국 아내를 때리고 집 안 물건을 마구 부수는 행동을 했습니다. 그야말로 벌컥 한 것입니다. 결과적으로 의심을 받던 처지에서 아예 용서할 수 없는 나쁜 인간으로 매도되었습니다. 그렇게 지옥 같은 세월이 시작되었습니다. 아무리 억울해도 술, 힘, 화로 표출된 행동은 모든 정당성을 지워버리는 지우개 역할을 합니다.

이분은 힘과 화로 참아오던 억울함을 표현했습니다. 그래서 정당성마저 사라지게 되었습니다. 벌컥 화내는 사람은 말 안 하면 귀신도 모른다는 말이 있습니다. 화나는 감정 상태를 조금씩 말로 표현해야 합니다. 그러지 않으면 자신도 상상 못 하는 큰 화를 한꺼번에 행동으로 표출하게 됩니다. 그렇게 한 번 화내기 시작하면 매번 그런 식으로 화를 내는 벌컥 씨, 벌컥 양이 됩니다. 습관이 되어버리는 것입니다. 결과는 매번 관계의 악화입니다.

울컥을 덜 하려 하거나, 벌컥을 안 하려 하는 것은 도움이 되지 않습니다. 그것은 결과이기 때문입니다. 자신이 왜 울컥 하는지, 벌컥 하는지 이유를 찾는 것이 중요합니다. 울컥과 벌컥이 참는 것과 관련되어 있다는 사실을 이해하면 자신이 오래 참고 있는 것이 무엇인지 알게 됩니다. 그러면 자신 안에 맺힌 것들과 대화를 나눌 수 있습니다. 그것들을 위로하고 이해해주고 쓰다듬으면서 어떻게 표현할지 생각해보아야 합니다. 안으로 눌러 참는 것도 밖으로 터트려 폭발시키는 것도 아닌 나와 상대가 납득할 수 있도록 표현하는 것이 좋습니다. 물론 쉽지 않습니다. 관계란 쉽지 않습니다.

남편 외도에 화가 나는 이유

결혼한 관계에서 가장 화가 날 일 하나를 들라면 외도라는 답이 가장 많을 것입니다. 부부 사이 신뢰가 무너지면 더 이상 무너질 것이 없다는 말이 실감나는 순간이 배우자의 외도를 알게 되는 때입니다. 그렇다면 우리는 배우자의 외도에 왜 이렇게 화가 날까요?

가정에 성실하던 남편이 회사 여직원과 5년간 외도를 지속해온 사실을 알게 된 아내가 있습니다. 자신도 공무원으로서 직장과 가정에 성실했던 분인데 남편의 외도에 할 말을 잃었습니다. 그리고 분노가 표출되었습니다. 남편이 잠을 못 자게 하거나 욕을 퍼부었고, 출근하려는 남편의 옷을 찢고, 같이 죽자며 남편을 끌고 차도에 뛰어드는 일이 몇 차례 반복되었습니다. 남편이 가장 견디기 힘들었던 것은 잠을 재우지 않는 것이었습니다. 자고 있던 남편을 분이 가실 때까지 때리기도 했습니다. 아무리 잘못했다고 해도 아내는 남편의 사과를 받아주지 않았습니다. 아이들도 어느새 아빠의 외도 사실을 알게 되었습니다.

이혼하기 전 마지막으로 상담을 받아보자는 아내의 말에 남편도 자포자기 심정으로 함께 왔습니다. 남편은 몇 달간 계속된 아내의 분노에 질린 얼굴이었습니다. 남편에게 물었습니다. 아내 분이 언제까지 이렇게 화를 내실 것 같으냐고요. 그러자 남편이 답답하다는 얼굴로 "저도 그게 궁금합니다" 하고 말했습니다. 어느 정도 하다가 그만하든지, 그게 안 되면 이혼을 하든지, 둘 다 아니라서 미칠 지경이라고 했습니다. 부인은 그렇게 말하는 남편을 기가 막히다는 표정으로 노려보았습니다.

남편에게 다시 물었습니다. "아내 분께서 요즘 화가 나신 것 같으세요?" 남편은 당연하다는 듯 "네. 너무 화가 나 있지요" 하고 답했습니다. 저는 남편에게 말했습니다. "아니에요, 사모님은 지금 화가 나신 게 아닙니다." 그러자 아내와 남편 모두 눈이 동그랗게 커져서 저를 쳐다보았습니다. "사모님은 지금 화가 나신 게 아니라 슬퍼하고 계세요. 크게 슬퍼하고 계신 거지요." 아내가 울음을 터트렸습니다. 남편은 영문을 모르는 표정이 되었습니다.

우리가 살면서 슬픔을 느끼는 때는 무엇인가를 상실했을 때입니다. 그리고 상실한 것을 다시는 찾을 수 없을 때입니다. 부모님이 돌아가시면 슬픈 이유는 부모님을 다시 볼 수 없기 때문입니다. 나에게 소중한 것을 잃어버리고 다시 찾을 수 없을 때 우리는 슬픕니다. 아내가 슬픈 이유는 남편의 외도로 인해 자신이 소중하게 여기던 것을 너무나 많이 잃었기 때문입니다. 남편에 대한 믿음만 잃은 것이 아닙니다. 나는 이렇게 살고 싶다는 결혼 생활의 아름다운 꿈도 잃었습니다. 아이들에게 부모로서의 본보기를 잃었습니다. 사람들에게 도덕적으로 올바르다는 자부심을 잃었습니다. 친정 식구들에게 떳떳함을 잃었습니다. 여자로서의 자존심을 잃었습니다. 앞으로 남편과 살고 싶은 마음을 잃었습니다. 남편을 존중할 근거를 잃었습니다.

저의 설명에 아내는 오랫동안 오열했습니다. 남편은 그런 아내를 보며 고개를 떨구었습니다. 조용히 남편에게 말해주었습니다. "지금까지 아내 분이 화난 것만 보고 피하려고 하셨지요. 아내 분은 화난 것이 아니라 너무 소중한 것을 많이 잃어서 슬퍼하고 계신 겁니다. 화난 사람은 피하는 게 상책입니다만 슬퍼하는 사람은 어떻게 해야 하겠습니까?" 남편은 저를 바라보면 대답했습니다. "위로해줘야지요." "맞습니다. 슬퍼하는 사람은 위로해주어야 합니다. 진심으로 위로해주십시오. 슬픔이 조금 엷어지면 슬픔으로 인해 생긴 화도 줄어들 겁니다." 아내도 화난 마음 아래 깊은 슬픔이 자리하고 있다는 것을 이해하게 되었습니다. 부부는 남편의 외도와 그로 인한 아내의 슬픔을 이해하고 받아들인 것 같았습니다. 상담실에 들어올 때보다는 조금 가볍게 나갔습니다.

배우자의 외도에 화가 나는 이유는 슬프기 때문입니다. 슬픈 이유는 소중히 여기던 것을 잃었기 때문입니다. 외도로 피해를 당한 배우자에게 자신이 해주어야 하는 것은 어설픈 변명도, 위기를 모면하려는 진정성 없는 사과도 아닙니다. 진심으로 그 슬픔을 이해하고 위로해주는 몸짓입니다. 사과는 위로의 몸짓의 한 부분일 뿐입니다.

우리는 누가 화를 내면 표면 감정인 화부터 봅니다. 그러나 정작 보아야 하는 것은 화 아래 자리 잡은 슬픔입니다. 그리고 슬픔의 내용입니다. 화 아래 슬픔이 있습니다. 슬픔 아래 상실이 있습니다.

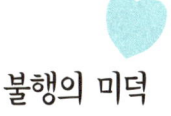

불행의 미덕

환갑이 되던 해에 당뇨병에 걸린 두 친구가 있었습니다. 한 친구는 건강을 위해 자신이 운전하던 자동차의 운전사를 고용했습니다. 다른 친구는 타고 다니던 차를 팔았습니다. 두 친구의 운명은 어떻게 되었을까요? 운전사를 둔 친구는 얼마 못 가 건강이 악화돼 세상을 떠났습니다. 반대로 차를 판 친구는 그 후 20년 넘게 건강하게 살았습니다. 사람은 불행이 오면 극복하기 위해 최선의 선택을 합니다. 그에 따라 불행은 불운이 되기도 행운이 되기도 합니다.

한 사람은 왜 운전사를 고용하고 한 사람은 왜 차를 팔았을까요? 전자는 결과에 집중했고 후자는 원인에 집중했습니다. 운전사를 고용한 친구는 현재의 당뇨병에 집중했습니다. 그러자 조심해야겠다는 결론을 얻었고, 그에 따라 운전사를 고용했습니다. 다른 친구는 당뇨병이 생기게 된 원인에 집중했습니다. 운동 부족과 과식 등 생활 습관이 원인임을 알게 되었습니다. 우선 편하게 타고 다니던 차를 팔고 걸어 다니기 시작했습니다. 한 사람에게는 당뇨라는 불행이 죽음이라는 불운으로 이어졌지만, 다른 사람에게는 더 건강한 삶이라는 행운으로 이어졌습니다.

불행 자체는 불운도 행운도 아닙니다. 불행한 일이 생겼을 때 이를 어떻게 보느냐에 따라 불운도 되고 행운도 됩니다. 요즘에는 이별 폭력에 대한 뉴스가 잦아지고 있습니다. 사귀던 연인이 이별을 통보했다고 찾아가 끔찍한 복수를 하는 것이 이별 폭력입니다. 뉴스에 나올 정도이니 정도가 심합니다. 대부분 남성의 폭력인데, 평생 힘겹게 살아야 할 상해를 입기도 하고 심하면 죽음에 이르게 되기도 합니다. 가해자는 한순간의 분노를 참지 못한 대가로 죄수의 몸으로 살아야 합니다. 불행이 불운으로 이어지는 것입니다.

그런데 아픈 만큼 성숙해지는 사람도 있습니다. 이별 통보에 화가 나면 되갚고 싶은 마음이 생깁니다. 사람이면 그럴 수 있습니다. 그러나 하루 이틀 고통에 뒤척이다 보면 문득, 도대체 왜 나를 떠나려는 것일까 하고 생각하게 됩니다. 관계는 교통사고와 같아서 어느 한쪽이 100퍼센트 잘못인 경우는 드뭅니다. 1퍼센트라도 나의 잘못이 있게 마련입니다. 나의 1퍼센트를 찾으려고 노력하는 시도 자체가 더 성숙한 나, 더 나은 내가 되기 위한 과정이 됩니다. 그런 성장통을 거치면 대나무에 마디가 생기고 쑥 자라듯 정신적인 키가 훌쩍 자랍니다. 철학자 세네카는 '행운의 선은 바람직하지만, 역경의 선은 감탄할

만하다'고 했습니다. 불행을 거름으로 삼아 더 나은 내가 되는 것은 인간만이 할 수 있는 특별한 능력입니다.

몇 년 전에 이혼을 경험하고 자신이 이혼당할 수밖에 없었던 이유를 찾아 상담도 받고, 독서 모임에도 나갔던 한 남자가 해준 말이 기억납니다. 그는 지나고 보니 고통은 '돌아봄'이더라고 이야기했습니다. 내 말투 어디에 문제가 있었는지, 내 행동 어디에 힘들게 하는 점이 있었는지, 내가 관계하는 방식 어디에 아내를 아프게 한 것이 있었는지, 가만히 돌아보고, 여러 사람의 경험에서 나온 진심 어린 조언을 들어보았다고 합니다. 그랬더니 함께 살 때는 보이지 않던 자신의 어두운 그림자가 드러나 부끄러웠다고 합니다. 그 후 더 나은 나를 만들기 위해 인간의 마음과 인생에 대한 폭넓은 공부를 시작했다고 합니다. 참 멋있는 분이란 생각이 들었습니다. 불행을 대하는 자세는 사람마다 다를 것입니다. 불행을 내 인생의 새는 구멍을 찾아 메우는 기회로 삼는다는 건 여간 멋진 일이 아닙니다.

우리는 기분이 좋을 때는 왜 기분이 좋은지 이유를 묻지 않습니다. 행운이 왔을 때도 이유를 묻지 않습니다. 왔으니까 온 것입니다. 그래서 행운을 즐깁니다. 그런데 기분이 좋지 않을 때는 꼭 이유를 묻습니다. 불행이 왔을 때도 꼭 묻습니다. 왜 나에게 이런 불행이 왔는지 묻습니다. 고통스럽기 때문입니다. 고통은 벗어나야만 하기에 그 원인을 찾으려 합니다. 불행을 즐길 수는 없습니다. 한순간이라도 빨리 벗어나고자 합니다.

이때 너무 성급하게 벗어나려 하면 더 큰 불운이 기다릴 수 있습니다. 불운으로 전락하지 않기 위해서는 잠시 불행 가운데 머물러야 합니다. 그리고 고요히 불행의 원인에 대해 생각해보아야 합니다. 원인을 제대로 찾는 데는 며칠이 걸릴 수도 있고 몇 달이 걸릴 수도 있습니다. 그러나 그 며칠과 몇 달이 그 후 몇 년과 몇 십 년의 행운을 가져올 수 있다면 기꺼이 기다릴 가치가 있습니다.

불행이 왔을 때 그 불행에 기여한 나를 발견한다면, 이는 진흙에서 보석을 발견한 것과 같습니다. 부를 수 있다면, 불행의 미덕이라 하고 싶습니다. 삶에는 행복도 많지만 불행은 더 많습니다. 불행은 당연히 오는 방문자이고 행복은 반가운 손님입니다. 그러니 불행을 맞이할 태도가 중요합니다. 그것을 아는 사람이 성숙한 사람입니다.

블랙아이스

　겨울에는 도로 위에 남은 습기가 다시 얼면서 잘 보이지 않는 빙판이 만들어집니다. 이것을 블랙아이스(black ice)라고 합니다. 여기서 블랙은 '숨어 있는' 혹은 '눈에 보이지 않는 위험한'이란 의미를 내포하고 있습니다. 이런 결빙 구간에서 미끄러져본 사람이라면 블랙아이스가 얼마나 위험한지 잘 압니다. 숨어 있어서 더 위험한 존재입니다.

　군부대에 강의를 가서 시작 전에 잠깐 부대장님을 만났습니다. 부대장은 병사들 간 갈등과 그로 인한 사고에 신경을 쓰고 있었습니다. 그러면서 가장 위험한 병사는 평소에 말이 없고 순응하는 병사라고 했습니다. 울뚝불뚝 크고 작은 불만을 가지고 문제를 일으키는 병사는 사고를 일으키는 경우가 적은데, 오히려 얌전하고 군 생활을 무난하게 하던 내성적인 병사가 탈영이나 자살 혹은 대형 사고를 내는 확

률이 더 높다고 했습니다.

　저는 이런 유형이 '블랙아이스 병사'라고 말씀드렸습니다. 부대장은 공감하면서 어떻게 하면 블랙아이스 병사의 마음을 열 수 있을지 고민이라고 했습니다.

　저는 두 가지 방법을 말씀드렸습니다. 대화를 하자고 제안하지 말 것. 눈빛이나 몸짓으로 감정을 슬쩍 전할 것.

　사람들의 밀고 들어옴, 형식과 틀에 지친 사람들이 대개 블랙아이스가 됩니다. 그런 사람에게 형식과 틀을 마련하여 대화하자고 하면, 더 깊이 자신의 마음을 숨기는 계기가 될 뿐입니다. 그러므로 공식적이고 형식적인 자리에 앉히기보다는 비공식적이고 허물없는 공간에서 진심이 담긴 눈빛과 몸짓으로 마음을 살며시 전하는 것이 효과적입니다.

　이런 방법의 효과를 알게 된 것은 제가 30대 초반에 집단상담에 참여했을 때입니다. 당시에 저는 사람들에게 긍정적인 말을 하는 활발한 사람으로 자리매김하고 있었습니다. 진행자였던 할머니 선생님이 그런 저를 며칠 내내 멀리서 응시하고 계셨습니다. 한 번씩 눈빛이 마주치면 지그시 고개를 끄덕이셨습니다. 마치 제 속마음을 보고 계신 듯한 눈동자였습니다. 나흘째 되던 날 다시 눈이 마주쳤는데 선생님이 저를 가만히 쳐다보셨습니다. 그런데 그 눈에 슬픔이 서려 있었습니다. 눈으로 말씀하시는 목소리가 들렸습니다.

　'그렇게 애쓰지 않아도 되는데…….'

그 순간 제 마음의 갑옷이 무너졌습니다. 저도 모르게 눈물이 주르르 흘렀습니다. 사람들이 있다는 것도 잊고 계속 울었습니다. 멈출 수 없었습니다. 나중에는 어깨까지 들썩이며 울었습니다. 애쓰며 괜찮은 척, 밝은 척, 착한 척해온 저의 서러움이 왈칵 올라왔던 것 같습니다. '그러지 않아도 돼.' 한 마디도 하지 않으셨지만 선생님은 눈빛과 가만히 어깨에 얹어주는 손으로 깊은 이야기를 저에게 했습니다.

그때 알게 된 것은 큰 말은 우리의 입을 통해서는 전할 수 없다는 것입니다. 전하려고 하면 이미 작아지고 왜곡되기 때문입니다. 큰 말은 입이 아니라 눈을 통해 전할 수 있습니다. 몸의 미세한 흔들림으로 전할 수 있습니다.

아이를 키우면서도 아들이 흥분하거나 불안해 하면 가만히 바라보는 것으로 충분한 경우가 많았습니다. 손을 살며시 잡고 천천히 눈을 바라보면 아이의 흥분이 가라앉고 불안이 내려앉고는 했습니다. 그때 손으로 어깨를 가볍게 툭툭 쳐주면 아이는 평화롭게 안겼습니다. 콩닥콩닥 심장 소리가 고요한 리듬으로 잦아드는 소리가 들렸습니다.

블랙아이스는 위험합니다. 하지만 스스로도 어쩔 수 없이 생겨납니다. 블랙아이스의 존재가 있는지 살필 것, 그리고 인정해줄 것. 이것이 블랙아이스를 대하는 방법입니다. 블랙아이스 같은 사람이 있습니다. 겉으로는 괜찮아 보이지만 속으로는 남모를 고통과 아픔을 간직한 사람입니다. 좀체 속내를 드러내지 않으니 블랙아이스입니다. 무엇을 하라고 하기보다는 먼저 살피고 인정해주어야 합니다. 그래야 드러나고 녹일 수 있습니다.

지금 어디야?

주말 아침, 아내는 일을 나갔고 저는 아들의 아침을 차렸습니다. 반찬이며 국이며 차리기 귀찮았던 아빠는 아침부터 삼겹살을 사다가 구웠습니다. 몇 번을 불러도 방에서 나오지 않는 아들 녀석. 휴대폰 게임에 빠져 있는 녀석. 아들을 앉혀놓고 아침을 먹다가 불쑥 물었습니다.

"승준아, 어떤 사람이 교실에 있는데, 배가 고파 머릿속으로는 삼겹살집 생각만 하고 있는 거야. 그럼 그 사람이 교실에 있는 거야? 삼겹살집에 있는 거야?"

"삼겹살집이지."

"그래? 그럼 너는 지금 어디에 있어?"

"엥, 지……집에 있지."

"정말?"

"아, 아빠. 알았어. 지금 식탁에 있을게. 답 이야기 안 해도 되지?"
"그래. 아빠도 식탁에 있을게."

몸만 있다고 거기에 있는 게 아닙니다. 마음이 있는 곳이 지금 내가 있는 곳입니다. 수업을 들으면서도 남자친구와 영화 볼 생각을 하고 있으면, 나는 지금 극장에 있는 것입니다. 연애하다가 결혼하는 이유는 몸과 마음이 머무는 장소를 일치시키기 위해서입니다. 어디에 있건 그 사람을 생각하고 그 사람과 함께 있는 생각만 하기 때문에 실제 그 사람과 같이 있는 공간을 마련하는 것이 결혼입니다.

레스토랑이나 커피숍에 가보면 함께 커피를 시켜놓고 이야기를 하다가 어느 정도 시간이 지나면 각자 휴대폰을 꺼내놓고 열심히 휴대폰 속 세상으로 들어가는 커플을 자주 봅니다. 두 사람 지금 어디 있는 걸까요? 몸은 같은 테이블에 있지만 마음은 가상의 공간에 가 있습니다. 예전에 비해 함께 있는 양적인 시간은 늘어났지만 실제로 함께 있는 질적인 시간은 줄어든 세상에 우리가 살고 있습니다. 함께 있되 함께 있지 않은 데이트를 하고, 여행을 하고, 밥을 먹습니다. 늘 머릿속은 좀 더 즐겁고 좀 더 자극적이고 좀 더 재미있는 것들이 차지합니다.

유행가 중에 〈그냥 걸었어〉란 노래가 있습니다. 처음엔 그냥 걸었어, 비도 오고 해서로 시작된 가사는 이내 걷다 보니 어느새 너의 집 앞이야로 이어집니다. 남자는 비가 오는 순간부터 이미 마음속에서 여자의 집 앞에 있었겠죠. 가사를 듣는 이들이 공감하는 이유도 다르지 않을 것입니다. 누군가를 좋아하면 거리가 사라집니다. 마음이 늘 그와 함께 있기 때문이죠. 사람이라는 대상에게만 그렇지는 않을 것입니다. 술 좋아하는 술꾼은 늘 술집에 있습니다. 책 좋아하는 사람은 늘 서점에 있습니다. 그림 좋아하는 사람은 늘 화실에 있습니다.

베스트셀러 작가로 이름난 류시화 시인은 가난한 대학생 시절 한때 김포공항에서 이륙하는 비행기를 물끄러미 쳐다보고는 했답니다. 유심소현(唯心所現)이라는 말이 있습니다. 오직 마음에 있는 것만이 현실이 된다는 말입니다. 시인의 마음은 비행기 안에 있었고, 비행기가 착륙하는 그 땅에 있었습니다. 그 마음이 있어서 지구 곳곳을 여행하며 글을 쓰는 작가가 되었습니다. 비록 한국의 학교에 몸이 머물고 있었지만 실제로는 한국 어디에도 있지 않았던 것이지요.

남들 보기에 잉꼬부부 같지만 실제로는 공허한 부부들이 적지 않습니다. 그런 커플을 가면부부라고도 합니다. 몸은 같은 공간에 있되, 마음은 다른 공간에 있는 부부입니다. 그들은 공통의 장소가 없습니다. 좋아하는 것도 다르고, 가치를 두는 것도 다르며, 중요하게 여기는 것도 다릅니다. 그리고 서로 상대의 선호, 가치를 하찮게 여깁니다. 외롭고 싶으면 혼자 살고 정말 외롭고 싶으면 같이 살라는 말이 있습니다. 가면부부를 두고 하는 말입니다.

반대로 이역만리 떨어져 있지만 함께 있는 부부도 있습니다. 한국전쟁에 참전했다가 64년 만에 유해가 되어 고향으로 돌아온 흑인 병사의 사연이 화제가 된 적이 있습니다. 2년의 끈질긴 구애 끝에 승낙을 받은 병사는 꿀 같은 신혼 1년을 보내고 한국전쟁에 참전하게 되었습니다. 얼마나 아내를 아끼고 사랑했는지 아내가 64년을 한마음으로 남편을 기다렸다고 합니다. 만약 돌아오지 않으면 다른 곳에 시집가라는 남편 말을 끝내 듣지 않았습니다. 생사조차 모르는 남편이지만 언제나 마음속에서 살아 숨 쉬고 있었기 때문이지요. 죽어서도 같은 공간에 있는 두 사람입니다.

살다가 한 번씩 스스로에게 물어볼 질문이 '지금 어디야?'입니다. 나는 지금 어디에 있는가? 나에게 물어볼 필요가 있습니다. 내 마음이 머무는 곳이 내가 있는 곳입니다. 그곳이 어디인가에 따라 내 삶의 모양과 질이 결정됩니다.

내밀 명함이 없어질 때

사회생활에서 처음 만나는 사람끼리는 으레 명함(名銜)을 주고받습니다. 명함은 원래 성명(姓名)과 관함(官銜)을 줄여서 쓴 말인데, 관함(官銜)은 관직을 거친 경력을 말합니다. 명함은 그 사람의 사회적 지위와 출신을 나타내는 신분증 같은 것이라, 적힌 내용을 보고 사람의 위상을 가늠하고는 합니다.

그런데 살다 보면 내밀 명함이 없어질 때가 생깁니다. 그러면 나는 누구인지 스스로 묻게 됩니다. 자신에게 아무 답도 못 하고 뒷머리만 긁적이다 보면 나라는 존재가 하찮아지는 것 같습니다. 반대로 담담히 뭐라도 이야기할 수 있다면 적어도 나는 나에게 귀한 존재입니다.

교수 명함을 가진 두 사람이 있었습니다. 그러다 더 이상 교수가 아니게 되었습니다. 그런데 두 사람의 말은 달랐습니다. 교수 생활을 하다 사정이 여의치 않아 그만두고 대리운전을 시작한 분의 이야기는 이랬습니다. "처음 콜을 받았는데, 호칭이 아저씨더라고요. 그런데 그 호칭이 마음에 턱 걸리데요. 교수님 소리만 듣다가 아저씨로 호칭이 바뀌니까 장군이 한순간에 병사가 된 듯 팽개쳐진 기분이 들더라고요. 아저씨라는 말에 제 자존감을 깎아먹는 힘이 있다는 걸 그때 알았습니다. 교수 호칭이 저도 모르게 저를 떠받들어 왔음을 알았지요. 아저씨가 된 지금의 초라한 현실이 씁쓸합니다."

다른 분은 얼마 전 교수직에서 은퇴했습니다. 이분의 말씀은 좀 달랐습니다. "제가 막상 나이 들어 은퇴하고 보니 저를 교수님도 사모님도 아닌 할머니로 불러주는 것이 좋더라고요. 교수님이라고 부르면 무엇인가 아는 체를 해야 할 것 같고 사모님이라 부르면 어딘가 품위 있게 행동해야 할 것인데 할머니라 부르면 마냥 편한 제가 되기 때문이지요. 직업이나 가정 배경, 학벌, 이 모든 것이 군더더기 같아요. 제 몸과 마음도 겉치레를 다 벗고 맑아지면 좋겠습니다."

명함은 옷과 같습니다. 고가의 화려한 옷을 입으면 몸이 더 근사해 보입니다. 그러나 옷이 몸은 아닙니다. 옷은 옷이고 몸은 몸입니다. 만약 옷이 몸이라 생각하고 조금이라도 더 비싸고 좋은 옷을 사기 위해 모든 걸 바치는 사람이 있다면, 그를 제대로 된 사람이라 보기는 어려울 것입니다. 앞의 분은 자기가 입은 옷이 자기 몸이라고 생각하는 분입니다. 입은 옷이 교수에서 아저씨로 변하자 그만 비참한 마음이 든 것이지요. 이에 비해 뒤의 분은 자기가 입은 옷과 몸이 별개라는 것을 일찍감치 안 분이지요. 그래서 막상 옷을 벗게 되자 자유로워졌습니다. 이제는 가장 편한 옷을 기분 좋게 입은 것입니다. 앞이 명함도 없어진 분이라면, 뒤는 명함만 없어진 분입니다.

진정한 인생의 명함은 사회적 옷을 벗었을 때 나타나는 모습이 얼마나 아름다운가로 가치가 매겨집니다. 명함을 내렸을 때 나타나는 내면의 아름다움은 사회적 명함을 가지고 있을 때는 가려서 잘 보이지 않습니다. 나무줄기와 가지가 잎이 무성한 여름에는 잘 보이지 않는 것처럼 말이죠. 하지만 머지않아 가을이 와서 잎이 떨어지면 줄기와 가지의 모습이 확연히 드러납니다. 마찬가지로 사회적 지위를 내리는 날이 오면 사람의 내면이 고스란히 드러납니다. 그러므로 명함을 가지고 있을 때부터 명함이 없을 날을 준비할 필요가 있습니다. 현직에 있을 때는 명함도 있는 사람이 되어야 하고, 현직에서 내려왔을 때는 명함만 없는 사람이 되어야 한다는 것이죠.

사회명함이 사라진 자리에는 인간명함이 생깁니다. 내가 남에게 주는 신분증이 사회명함이라면 남이 나에게 주는 인정증이 인간명함입니다. 얼마나 높은 사람인가가 사회명함이라면 얼마나 좋은 사람인가가 인간명함입니다. 나뭇잎이 무성한 여름에는 얼마나 풍요로운가가 나무의 품격이라면, 나뭇잎이 모두 떨어진 겨울에는 얼마나 늠름하게 가지를 드러내고 있는가가 나무의 품격이 될 것입니다.

상담을 하러 갈 때마다 저는 이런 생각을 하곤 합니다. '모든 옷을 벗고 빈 몸으로 들어가자. 상담자격증이 무엇이 있고, 상담을 몇 년이나 했고, 무슨 이론을 공부했는지, 그런 옷을 모두 벗고 여기 오시는 분과 같은 사람이 되어 들어가자.' 그런 마음으로 임할 때 상담이 가장 자연스럽고 편안하게 진행되는 것을 느꼈습니다. 더 이상 내밀 명함이 없을 때 나의 진정한 가치가 드러납니다.

혼자서도 행복한 인생

사람을 뜻하는 人은 서로 비스듬히 기댄 두 사람을 형상화한 한자입니다. 서로가 서로에게 기대는 모습이지만, 적어도 한 사람은 멀쩡해야 유지가 되는 모습이기도 합니다. 좋은 배우자를 만나 나의 부족한 점을 채우려는 것은 상대에게 못할 짓입니다. 내가 먼저 좋은 배우자가 되어 나처럼 좋은 배우자를 만나겠다고 생각하는 것이 온당한 일입니다. 그러려면 먼저 혼자서도 행복한 인생을 살고 있어야 합니다. 사람을 만나기 전이나 만난 후나 상관없이 통용되는 원칙입니다. 내가 건강한 사람이라야 누구를 만나도 유지가 되며, 운이 좋으면 더욱 건강한 관계가 됩니다.

고등학생 시절 친한 친구가 있어 자주 집에 놀러가고는 했습니다. 그때마다 친구 어머님은 맛난 음식과 따뜻한 말씀으로 제게 친어머니 같은 푸근함을 느끼게 해주셨습니다. 아버님도 맑은 분이라 두 분

사이가 좋았습니다. 그런데 여러 해 전 덜컥 어머님이 돌아가셨습니다. 아버님이 공직에서 정년퇴임하시고 시골에 전원주택을 지어 오순도순 사시던 중에 갑자기 어머님이 돌아가셨습니다. 그 충격이 얼마나 크셨을지 마음을 헤아리기가 어려웠습니다. 혼자 덩그러니 집에 계실 아버님을 생각하면 마음이 아팠습니다.

 어머님이 돌아가시고 2년쯤 지나 친구도 볼 겸 아버님이 계신 시골 전원주택에 갔습니다. 제가 왔다고 손수 고기를 구워주시던 아버님께 조심스레 여쭸습니다. "아버님, 여기 계시니까 외롭지 않으세요?" 아버님은 저를 가만히 보시다가 되물으셨습니다. "자네는 서울 사니까 외롭지 않은가?" 그 질문에 말문이 막혔습니다. 아버님이 말씀을 이으셨습니다. "사람들은 사람과 사람의 관계만 관계라고 생각하는데, 그런 관계에서 외로움이 더하지 않는가. 나는 사람과 자연도 관계라고 생각하네. 내가 자연과 관계를 맺고 있으니 바쁘네. 깻잎도 말하고 상추도 말하고 고추도 말하는데, 물로 거름으로 대답해야 하지. 그러다 보니 외로울 때가 없네. 나는 도리어 자네처럼 서울 사는 사람들이 더 외로운 것 같네." 잔잔하게 웃으며 말하는 아버님의 얼굴이 환했습니다.

 그때 알았습니다. 아버님은 혼자서도 행복한 인생을 일구셨구나. 이후로 거짓말처럼 제 삶에서도 외로움이 부쩍 줄었습니다. 사람과 사람 사이만 관계가 아니라는 생각만으로, 동네 강아지와 고양이를 보는 눈이 달라졌습니다. 아파트에 철마다 피는 개나리, 모란, 매실,

개복숭아 나무를 보는 마음도 달라졌습니다. 내가 어디에 있든 덜 외로울 것 같았습니다.

상담이 직업이다 보니 별의별 인생을 다 만나는데, 안타까울 때가 적지 않습니다. 지금의 배우자가 기쁨을 주는 사람이 아니라 고통을 주는 사람이라는 것을 알면서도 이혼 후 닥칠 경제적 어려움과 정서적 외로움이 두려워 한숨 속에 사는 분을 만나기도 합니다. 함께 사는 건 감옥이고 혼자 사는 건 지옥이라 차라리 감옥을 선택하는 사람입니다. 이런 분을 볼 때마다 사람이 혼자 서는 일이 삶에서 얼마나 소중한지 실감합니다.

이 사람이 내 삶의 행복에 도움이 되지 않는다고 판단했다면 감정적 미움이 앞설 것입니다. 하지만 거기에 매몰되지 않고 현실적인 자립을 준비하는 것이 현명한 삶의 태도라고 믿습니다. 스스로 자립할 수 있는 경제적, 심리적 상태가 될 때 배우자에게 당당히 나의 욕구와 바람을 요구할 수 있습니다. 의존할 수밖에 없는 사람이 감정적으로 호소한다면 일시적으로는 요구를 들어줄 수 있습니다. 하지만 반복된다면 점점 멸시하는 마음도 생깁니다. '그래, 나 없이 네가 어딜 가겠어' 하는 마음이 일단 들면 구박을 하게 됩니다. 스스로 일어서지 못하면 나 자신이 아닌 상대의 평가를 받아야 합니다.

사랑하는 여자가 없어도, 남자가 없어도, 배우자가 없어도, 자식이 없어도 나 혼자서 행복한 인생을 만드는 것이 인생의 중요한 과제입니다. 사람들은 의존적인 사람을 좋아할 것 같지만 반대입니다. 자립적인 사람을 좋아합니다. 관계는 결국 현실이 되기 때문입니다. 수준을 떠나 어떤 식으로든 경제적 자립과 심리적 행복을 혼자서도 갖춘 사람을 친구로 사귀고 싶고, 동료로 만나고 싶고, 배우자로 택하고 싶은 것이 사람의 자연스러운 마음입니다.

혼자서 밥을 먹고 술을 마시고, 영화를 보는 등 혼자 행복할 방법을 찾는 사람들이 늘고 있다고 합니다. 여러 이유가 있다고 생각합니다. 인간관계가 피폐해졌다고 보는 시각도 있지만, 둘이서 행복해지기 위한 마음 만들기 과정일 수도 있습니다. 혼자서 밥 먹을 수 있는 사람은 둘이서도 먹을 수 있습니다. 하지만 둘이서만 먹을 수 있는 사람은 혼자서는 먹지 못합니다.

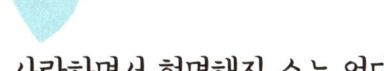

사랑하면서 현명해질 수는 없다

'사랑하면서 현명해질 수는 없다'는 말이 있습니다. 사랑은 감정의 극단입니다. 현명은 이성의 극단입니다. 열병과 같은 사랑에 빠지면 다른 사람 눈에 보이는 상대의 단점이 하나도 보이지 않습니다. 그것은 이성이 상실된 상태이기 때문입니다.

갈등으로 이혼 직전까지 가는 부부들이 흔히 하는 말이 '내가 왜 이런 사람을 선택했는지 모르겠다'입니다. 그러면서 자신의 어리석음을 한탄합니다. 그때는 맞고 지금은 틀린 이유는 사랑에 있습니다. 그때는 이 사람을 사랑했기에 단점이 보이지 않았는데, 지금은 사랑이 식어서 단점이 보이는 것입니다. 내가 보고 싶은 대로 보는 것이 사랑이라는 감정입니다. 우수에 찬 남자를 좋아하던 여자가 우연히 성당에서 눈물 흘리는 남자를 보고 사랑에 빠졌습니다. 큰 눈에서 떨어진 눈물방울은 여자가 그토록 바라던 우수에 찬 남자의 상징 그 자체였으니까요. 연애를 하고 결혼한 후 문득 그때 왜 눈물을 흘렸느냐고 물었습니다. 남편의 대답은 여자에게 충격이었습니다. 그때 마침 하품을 했다는 것입니다. 하품 끝에 흘린 눈물을 여자는 우수에 찬 모습으로 착각한 것입니다.

사랑은 이렇게 비이성적이고 자기 멋대로 상대를 생각하는 것입니다. 그러다 보니 상대를 있는 그대로 보는 것이 아니라 내가 마음속에 그린 대로, 즉 내가 만든 이미지대로 봅니다. 상대가 거짓말하는 것이 아니라 내가 허상으로 상대를 만들어 이상화합니다. 이것이 수많은 부부가 결혼해 살다가 '속았다'고 말하는 이유입니다. 사실은 상대가 나를 속인 것이 아니라 내가 상대를 보고 싶은 대로 보아 제대로 보지 못한 것입니다.

미국에서 행복하게 사는 부부 100쌍을 선정해 연구를 수행한 적이 있습니다. 무엇이 이 부부들을 행복한 부부로 만들었을까, 이것이 연구 주제였습니다. 결과 중 하나는 이들이 결혼하겠다고 했을 때 가족이나 친구들이 적극 찬성했다는 것입니다. 가족이나 친구는 나처럼 사랑에 빠지지 않았기 때문에 이성적인 잣대로 사람을 봅니다. 풍기는 인상부터 그가 처한 환경과 인생에 대한 태도 등을 보고 나에게 최선의 조언을 합니다. 그래서 그들이 호의를 나타내는 사람과 결혼하면 행복하게 살 가능성이 훨씬 높다는 것이 이 연구의 결론입니다. 주위의 반대를 무릅쓰고 한 결혼은 결국 좋지 않다는 말이 억측은 아닌가 봅니다.

그러지 않아도 비이성적일 수밖에 없는 사랑을 더 크게 착각하게 만드는 원인이 하나 있습니다. 그것은 결핍입니다. 무엇에 대해 결핍을 느끼면 그것을 채워줄 것 같은 사람을 엄청나게 대단한 존재로 착각하게 됩니다. 돈에 결핍된 삶을 산 여자에게 돈 있는 남자는 대단한 존재가 되어 단번에 사랑에 빠지도록 합니다. 돈 뒤에 숨은 남자의 수많은 단점은 보지 못하게 합니다. 주위에서 아무리 반대해도 '왜 다들 시기하는 거야' 하고 염려를 일축하고 결혼을 강행합니다. 바람둥이에 허풍쟁이이고 상습 폭력범이라는 걸 알았을 때는 이미 늦습니다.

유명한 한 여성 변호사는 첫 번째 결혼을 형편없는 사기꾼과 했는데 그 이유가 결핍에 있었다고 합니다. 경제적으로 몹시 어려운 가정에서 자랐는데, 형제가 많아서 언니들의 옷과 책을 물려받을 수밖에 없어 늘 결핍감을 느꼈습니다. 미국 정치학 박사라며 화려한 언변과 조건을 내세우며 다가온 남자가 자신의 결핍을 단숨에 해결해줄 것이라 여겼습니다. 그것이 첫눈에 반한 사랑으로 발전하게 된 것이죠.

평생을 좌우하는 결정 중 가장 중요한 것이 배우자 선택입니다. 지금의 사랑이라는 감정도 중요하지만 더 먼 시간을 내다보고 현명하게 선택할 수 있어야 합니다. 결혼은 지금만 좋기 위해 하는 것이 아니라 노력으로 지속시킬 행복을 위해 하는 것이기 때문이죠. 그런데 이런 선택에 결핍까지 끼어들면 위험하기 이를 데 없습니다. 앞이 보이지 않는 사람이 의지하던 지팡이마저 잃어버리는 격입니다.

배우자를 선택할 때는 사랑이 비이성적이고 비합리적이라는 점을 인정하고, 주변의 진심 어린 조언에 귀를 기울일 필요가 있습니다. 또한 나의 결핍이 무엇인지 곰곰이 생각해 발견할 필요가 있습니다. 결핍은 스스로 해결해야 하는 것이지 다른 누가 메워준다고 사라지지 않습니다. 자신의 사랑에 지나친 확신을 가지지 않을 것, 신중할 것. 사랑에 깊이 빠져드는 사람이 받아들여야 할 두 가지 덕목입니다. 사랑하면서 현명할 수는 없습니다.

쫓기듯 쉬는 사람들

내가 생각하지 않으면 남이 생각한 대로 살아야 합니다. 일상이 매우 분주하지만 나의 생각에 따른 것이 아니라 남이 이미 만들어놓은 틀, 방식에 따른 것이라면 게으른 것이라 해야 합니다. 그렇게 보면 쫓기듯 사는 사람들이 많은 세상은 분주한 게으름뱅이들이 가득한 세상입니다. 분주한 게으름뱅이들은 일할 때는 물론 쉴 때도 제대로 쉴 줄 모릅니다. 일하듯 쉬기 때문입니다.

제 신혼여행을 떠올리면 가장 기억에 남는 장면이 있습니다. 호수가 있는 공원 초입 벤치에 중년의 유럽 여성이 앉아 있었습니다. 항구에 정박한 배처럼 고요히 호수를 바라보고 있었습니다. 우리 부부는 재잘거리며 넓은 호수를 돌아 산책했습니다. 몇 시간 후 벤치가 있던 곳으로 돌아왔는데 그분이 그 자리에 그대로 앉아 있었습니다. 이번에는 저 멀리 호수를 평온히 바라보고 있었습니다. 마치 모든 시간이 사라진 듯 자신 속에 깊이 들어가 있는 것 같았습니다. 한가로움이란 이런 것이라고 말해주는 듯했습니다. 몇 시간이나 한자리에 그대로 앉아 있는 모습이 경이로웠습니다. 저로서는 살면서 한 번도 그런 적이 없었다는 것을 그때 알았습니다.

그날 밤 꿈에 벤치에 앉아 있는 제가 보였습니다. 그런데 잠시도 가만히 있지 못했습니다. 이리저리 눈길을 주다가 벌떡 일어나 호수 주위를 돌아다니기 시작했습니다. 아침에 잠을 깨고는 꿈에서조차 가만히 있지 못하는 저에게 놀랐습니다. 그러고 보니 신혼여행도 여간 분주하지 않았습니다. 배낭여행처럼 온 신혼여행이었지만 하나라도 더 보고 가야 한다는 강박에 여기저기 미리 동선을 짜고 그에 따라 아내와 정신없이 움직였습니다.

지금 생각하면 그렇게 바쁘게 다녔던 명소들은 잘 기억나지 않고 벤치에 고요히 앉아 있던 분만 또렷이 기억에 남아 있습니다. 우리 부부는 그때까지 각자의 위치에서 분주히 살다가 신혼여행을 왔고, 그 관성으로 여행의 즐거움을 음미하기보다는 통째로 삼키려고 했던 것 같습니다.

신혼여행을 마치고 돌아와 동네 공원 벤치에 혼자 갔습니다. 얼마나 오래 앉아 있을 수 있나 시험해보았습니다. 10분이 지나자 '지금 왜 이렇게 앉아 있지?' 하는 의문이 생겼습니다. 20분이 지나자 '이렇게 가만히 앉아 있어도 되나?' 하는 불안이 엄습해왔습니다. 30분이 지나자 지나가던 사람들이 보는 것 같아 신경 쓰였습니다. '창피하다.

얼른 일어나자.' 더 이상 앉아 있기가 힘들었습니다. 자리에서 일어나자 바로 일상으로 빨려들어 가는 것 같았습니다.

철학자 세네카는 쫓기듯 사는 사람은 정작 한가해지면 시간을 어떻게 보내야 할지 몰라 허둥댄다고 꼬집었습니다. 또한 즐거운 순간이 찾아와도 이내 언제까지 지속될지 걱정하며 두려워한다고 했습니다. 세네카의 일침은 저에게도 그대로 들어맞습니다. 쉴 줄 모르는 사람은 일할 줄도 모르는 사람입니다. 일할 때는 휴식을 그토록 원하다가 휴식의 시간이 오면 일하듯 휴식을 진행하니 말이지요.

놀 줄 모르고 쉴 줄 모르는 사람은 그런 기회가 주어지면 일단 바쁘게 움직입니다. 마치 몇 년 못 쉰 것을 며칠간에 모두 쉬려는 듯 많은 일정을 잡고 와자지껄 떠들고 쉴 새 없이 휴대폰으로 인증샷을 찍어 올립니다. 자신을 만날 시간이 없을 뿐 아니라 만날 마음도 없습니다. 그런 휴식을 마치고 나서 정말 휴식이 필요하다고 느끼는 피곤을 맞이하는 건 필연입니다. 활동적인 여가로 정신적 스트레스를 푸는 것도 휴식이지만, 내가 나를 고요히 만나는 몸과 마음 모두의 휴식도 필요합니다. 나를 위해 쉬는 것이 휴식이지 일하는 것이 휴식은 아닐 것입니다.

목적이 없어서 행복하다

제 아버지는 그림을 잘 그리셨습니다. 씨 도둑질은 못한다는 속담이 맞는지 저는 그림 그리기를 좋아했고 초등학생 때는 작은 상도 많이 받았습니다. 그러다 입시를 위한 공부를 시작하면서 그림은 저 멀리 남의 이야기처럼 흘러가고 말았습니다.

10년 전쯤 지방에서 열리는 부부캠프 진행을 하러 갔는데, 몇 시간 일찍 도착했습니다. 마땅히 할 일이 없었습니다. 그래서 가져간 노트를 펼치고 펜으로 눈앞에 보이는 그네와 소나무를 그리기 시작했습니다. 저 따로 손 따로 노는 것처럼 무엇에 홀린 듯 정신없이 그림을 그렸습니다. 다 그리고 시간을 보니 두 시간이 지나 있었습니다. 몇십 분 정도 지난 것 같았는데, 몰입하니 시간이 어떻게 흐르는지도 몰랐습니다.

이틀간 부부캠프를 진행하며 느낀 것보다 두 시간 동안 그림을 그린 즐거움이 훨씬 컸습니다. 부부캠프 진행이 목적이 있는 활동이었다면 무심코 그린 그림은 목적이 없는 활동이었습니다. 목적이 없는 활동을 하는 이유는 그 자체가 목적이기 때문입니다. 그것을 통해 이루려고 하는 게 없다면 그 자체가 목적인 것입니다. 좋아하지 않는다면 목적 없이 하기가 어렵습니다. 그 후 틈틈이 노트에 펜으로 풍경과 정물을 그렸습니다. 매번 시간이 어떻게 흐르는지 모를 만큼 몰입했습니다. 황홀하기도 했습니다. 잘 그리고 못 그리고는 전혀 중요하지 않았습니다.

고등학생 시절에 동생과 크리스마스카드를 그려 학교 친구들에게 팔았던 기억도 납니다. 얼마나 팔았는지는 중요하지 않았습니다. 내가 카드 그림을 그린다는 것이 신났습니다. 친구들이 여러 장 사주어서 기쁘기도 했지만, 그리는 기쁨에는 못 미쳤습니다. 팔기 위해 그리는 사람은 기술자고, 그리기 위해 파는 사람은 화가라고 피카소가 말했습니다. 남이 알아주는 그림이 아니라 해도 스스로 좋아서 그린다면 스스로 화가인 것입니다.

살다 보니 무엇을 위하여 하는 활동은 수없이 많아도, 활동 자체를 위하여 하는 활동은 거의 없었습니다. 제게는 어쩌다 그림을 그리는 것이 목적 없는 유일한 활동이었습니다. 철학이란 거창한 이름을 붙이긴 뭣합니다만, 우리는 대부분 생을 수단철학의 삶을 삽니다. 내가 하는 대부분의 활동은 그 자체가 목적이 아니라 수단입니다. 무엇을 위하여 혹은 누구를 위하여 지금 이 활동을 하는 것입니다. 그러다 보니 그다지 즐겁지 않습니다. 가족들 먹여 살리려고 하는 직장 일은 고역입니다. 석사 학위나 박사 학위를 취득하기 위해 하는 공부는 고생입니다. 그런 중에 그 자체가 목적인 활동을 만나게 되면 돌연 삶이 아름답게 빛납니다. 이것을 목적철학의 삶이라 할 수 있습니다. 그저 즐거워서 하는 삶입니다.

며칠 전 거실 탁자 위에 화보집이 있어 보았습니다. 그러다 저도 모르게 방으로 들어가 칼이며 풀, 도화지를 가져와 화보집 속의 사진을 오려 이런저런 종이카드를 만들기 시작했습니다. 한 번 만들기 시작하자 옆에 아들이 있는지 아내가 있는지도 몰랐습니다. 한참 후에 "아빠, 지금 뭐해?" 하는 아들의 소리에 정신을 차렸습니다. 아들은 아빠가 만든 카드를 들어 이리저리 보더니 "아빠, 근데 이거 왜 만들어?" 하고 물었습니다. "그냥 좋아서." 아빠의 말에 아들은 눈을 껌뻑이며 그게 무슨 말이냐는 표정이 되었다가 웃었습니다. 아내도 아들을 따라 웃었습니다. 저도 머리를 긁적이며 웃었습니다.

'내가 왜 이걸 만들었지. 누구한테 보낼 것도 아니면서.' 그냥 좋아서라는 말밖에 다른 이유가 없습니다. 오늘까지 카드 여러 장을 만들었습니다. 그리고 알았습니다. 목적 없는 활동의 목적은 행복이라는 것을.

3부

사이

다가가지 못했던 사이에 대하여

인생사 6:4

젊다는 것은 세상을 내 뜻대로 바꾸어보려고 애쓴다는 것입니다. 나이가 든다는 것은 세상이 뜻대로 안 된다는 것을 받아들인다는 것입니다. 젊어서는 옳다 그르다 혹은 좋다 싫다, 이렇게 흑백이 분명한 세계에서 살았는데, 나이가 들면서 점점 검지도 희지도 않은 회색의 세상에서 살게 됩니다.

저는 30대에 상담과 강의를 했지만 어디에도 소속되지 않았습니다. 자유롭기도 했지만 불안정했습니다. 상담과 강의가 모두 없는 때는 한여름과 한겨울이었는데, 1년 중 4개월 정도는 거의 수입이 없어 더위와 추위가 무서웠습니다. 40대에 대학교에 자리를 잡았습니다. 그러자 안정이 되었습니다. 안정의 기쁨을 지속하는 것은 그리 오래 가지 않았습니다. 크고 작은 규율과 제한에 묶여 자유롭지 못했습니다. 그러다 50대에 학교를 나와 다시 어디에도 소속되지 않은 삶을 살게 되었습니다. 역시 자유롭지만 불안정한 시간을 보내고 있습니다.

10년을 주기로 안정과 불안정, 자유와 부자유를 교차해 보내고 있는 것이지요. 이 과정에서 깨달은 것이 하나 있다면 자유와 안정은 공존하기 어렵다는 것입니다. 둘 다 얻을 수는 없었습니다. 자유로우면 불안정했고, 안정되면 부자유스러웠습니다. 무엇을 얻는다는 것은 무엇을 잃는다는 것을 의미합니다. 이를 경제학에서는 기회비용이라는 개념으로 설명합니다. 이것을 택함으로써 저것을 잃는 데 드는 비용을 기회비용이라고 합니다.

경제뿐만 아니라 우리 삶 전체에 이런 기회비용 개념이 적용되고 있습니다. 그런데 신기한 것은 좀 덜 안정되어도 자유가 크면 살 만하고, 좀 덜 자유로워도 안정되면 살 만하다는 것이었습니다. 즉 원하는 것을 모두 얻기는 힘들지만, 원하는 것을 모두 잃지도 않는다는 것입니다. 그래서 힘들어도 사람들은 살아갑니다. 무엇을 하면 모든 것을 잃는다면 사람들은 살기 어려웠을 것입니다.

몇 해 전 택시를 탔는데 출발하면서 기사님이 툭 던진 질문이 이상했습니다. "손님, 걸어가시지 왜 택시를 타셨어요?" 이런 질문은 난생처음이라 당황했습니다. "예, 걸어가기 머니까 탔지요." 기사님의 대답은 이랬습니다. "손님, 걸어가면 돈은 아끼지만 다리가 아프잖아요. 택시를 타면 돈은 들지만 편하잖아요. 그러니까 다리가 아픈 거보다는 돈이 들어도 택시를 타는 게 나은 거죠. 다리 편한 게 6, 돈 아끼는 게 4. 그래서 택시 탄 거 아니겠습니까?"

그러고는 인생사 모두 6 대 4라는 이야기를 했습니다. 아침에 전기밥솥에 밥을 해 먹으면 맛은 조금 떨어지지만 편하고 빠르다, 돌솥에 밥을 해 먹으면 맛이 더 좋지만 번거롭고 불편하다. 그래서 편리함이 6, 맛있음이 4라는 것입니다. 몇 가지 예를 더 들면서 기사님은 신나게 '인생사 6:4'라는 인생철학을 이야기했습니다. 듣다 보니 저도 모르게 그 철학에 중독되는 걸 느꼈습니다. '그러네. 맞아, 인생사 9:1이 아니라 6:4로구나.' 깊이 공감되었습니다. 내리면서 거스름돈을 받지 않았습니다. 좋은 것 배운 것이 6, 돈 아까운 것이 4였기 때문입니다.

그날 후로 무엇을 하면 '인생사 6:4'라고 혼잣말하는 습관이 생겼습니다. 택시 기사님을 만나기 전이지만 가만 생각해보면 자유직에서 교수직으로 갈 때도 인생사 6:4 비슷한 생각을 한 것 같습니다. 안정이 6, 자유가 4였지요. 그러다 다시 교수직에서 자유직으로 나올 때 혼잣말을 한 것이지요. 이번에는 자유가 6, 안정이 4로 변해 있었습니다. 그러면서 요즘 발견한 것은 저는 인생에서 안정도 좋아하지만 자유를 조금 더 좋아한다는 것이었습니다. 10년 단위로 세 번 바뀐 삶에서 발견한 것은 아주 간단한 비율이었는데, 자유 6, 안정 4였습니다.

살다 보면 선택의 기로에서 망설이고 주저할 때가 있습니다. 어느한 길이 큰 차이가 나게 가치가 더 높지 않기 때문입니다. 혼자 살 것인가, 결혼할 것인가도 각각의 장단이 있어서 망설이게 됩니다. 혼자 살면 자유롭습니다. 그러나 외롭습니다. 결혼하면 외로움은 덜어지지만 아무래도 구속되는 일이 많습니다. 자식을 낳을까, 말까. 자식을 하나만 낳을까, 하나 더 낳을까. 이혼할까, 말까. 망설이다 세월을 다 보내는 사람도 있습니다.

 제 경험에 의하면 6:4의 원리를 적용하는 것이 좋을 듯합니다. 작은 차이로 결정하는 것이죠. 그리고 어느 길이든 원하는 모든 것을 얻을 수 없고, 모든 것을 잃지도 않습니다. 제가 학교를 나올 당시에 기를 쓰고 학교에 들어오려는 사람들이 많았습니다. 내가 떠나려고 하는 이곳이 누군가에게는 사력을 다해 들어오고 싶어 하는 곳일 수 있습니다. 그것은 서로가 6으로 두는 가치가 다르기 때문입니다.

 어차피 내 멋에 사는 세상이라면 내 방식대로 사는 것이 인생의 답입니다. 그러므로 선택의 기로에 선다는 것은 나의 진짜 6을 알게 해 주는 하늘의 선물일 수도 있습니다. 결국 나는 조금이라도 내가 더 좋아하고 가치 있게 생각하는 6을 선택하게 됩니다. 다른 사람과 세상이 모두 좋다고 권하는 4를 보며 아까운 마음이 들겠지만, 그건 내 것이 아니라 다른 사람의 것입니다. 인생사 6:4입니다.

누름과 솟음

사랑의 반대말이 무엇이냐고 물으면 미움이라 하는 사람도 있고 무관심이라 하는 사람도 있습니다. 저는 누름이라고 생각합니다. 두 사람 사이에 누름이 있다면 그 속에서 사랑이 싹트기 어렵기 때문입니다.

자식에게 폭력을 쓴 적이 없다고 생각했는데 가만 생각해보니 너무 많이 폭력을 행사했다면서, 다음과 같은 일화를 들려준 아버지가 있습니다. 아들이 여섯 살 때쯤 총명해서 한자와 영어 단어를 잘 외웠다고 합니다. 더 잘 시킬 마음에 아버지는 단어를 묻고 제대로 대답하지 못하면 무서운 표정으로 나무랐다고 합니다.

그러던 어느 날 아이와 목욕탕에 갔답니다. 건식사우나에 들어가 땀을 내고 있는데 바깥에서 아이가 왔다 갔다 하며 아빠가 있는 사우나 안을 두리번거리는 게 보였습니다. 왜 저렇게 오락가락하며 아빠

눈치를 보나 싶어 나와 봤더니 머리가 찢어져 피를 흘리고 있었습니다. 어찌된 일이냐고 물었더니 아빠가 사우나로 들어가고 미끄러져 바닥에 머리를 찧었답니다. 그런데도 아들은 아빠가 무서워 바로 말하지 못하고, 아빠가 안 나오나 밖에서 초조하게 이리저리 서성이며 울음을 참고 있었던 것이죠. 머리가 찢어져 피가 흐르는데 말입니다. 그 순간 아버지는 아, 이게 뭔가 싶더랍니다. 급히 수건으로 지혈하고 아들을 응급실로 데려가면서 아버지는 내가 지금까지 아들에게 무슨 짓을 해왔는가 싶어 멍했다고 합니다. 사랑하는 아들이 잘되기만 바라고 누른 것인데 정작 아들에게는 무서운 아버지로만 각인되어 있으니 기가 막혔다고 합니다.

사랑은 의도와 결과, 둘 모두가 건강할 때 제대로 된 사랑이라고 할 수 있습니다. 아버지는 의도로만 보면 아들을 많이 좋아하고 아끼는 아빠였습니다. 그것을 사랑이라고 굳게 믿었습니다. 그러나 의도와 무관하게 아버지의 사랑을 표현하는 방식은 아들에게 폭력과 무서움으로 받아들여졌고, 아들에게 나타난 결과는 심한 위축이었습니다. 아무리 의도가 자식에 대한 큰 사랑이라고 해도 그 결과가 누름이라면 이는 균형을 잃은 사랑이며 폭력이라 불러야 합니다. 누름의 형태는 다양해서 이 아버지처럼 직접적으로 누르는 경우도 있지만 자신의 방식을 밀어붙이는 경우도 있습니다.

몇 해 전 만난 한 아버지는 딸 둘을 둔 아버지였습니다. 장교 출신이었는데 힘든 시절에 군 생활을 해서 그런지 입에 늘 욕이 달려 있었다고 합니다. 딸이 태어났는데 너무 예쁘더랍니다. 그래서 아이고 요년 예쁘다고 스스로 애교가 섞인 욕으로 딸을 불렀다고 합니다. 둘째 딸이 태어났는데 더 예쁘더랍니다. 아이고 이년은 더 예쁘네 하고 둘째 딸은 이년이라고 불렀답니다. 그렇게 지내다 첫딸이 스무 살이 되던 해, 두 딸이 아빠 앞에 무릎을 꿇고 눈물을 흘리면서 단호하게 이야기하더랍니다. 아빠 우리도 이제 어른이에요. 우리한테 더 이상 욕하지 마세요. 그 이야기에 기가 막힌 아버지는 딸들에게 그렇게 싫었으면 진작 말하지 그랬냐고 했답니다. 그랬더니 둘째 딸이 아주 매몰찬 눈빛으로 그러더라는 거죠.

"언제 한 번이라도 물어보셨어요?"

딸의 말에 이분도 멍했다고 합니다. 지금껏 20년을 헛살았구나 싶었다고 합니다. 그러고 보니 요년, 이년 하면서 한 번도 이렇게 부르는 게 어떠냐고 딸들에게 물어본 적이 없었더랍니다. 20년 동안 이 아버지는 두 딸을 욕으로 눌러온 것입니다.

이렇게 누르는 것은 직접적으로 누르는 것부터 상대가 싫어하는 말을 자기 기준으로 밀어붙이는 것까지 다양한 형태로 이루어집니다. 그리고 그것은 힘을 가진 갑이 힘이 없는 을에게 행하는 전형적인 폭력으로 상대에게 전해집니다. 남편이 권위적이라는 말은 남편이 우월한 힘으로 누른다는 뜻입니다. 직장에서 상사가 권위적이라는 말도 상사가 우월한 힘으로 누른다는 뜻입니다. 어느 인간관계에서도 한쪽이 누르고 다른 쪽이 눌리는 상황에서는 사랑이 싹트지 못

합니다. 사랑은 평등한 관계를 전제로 하기 때문입니다.

 사랑에서 의도보다 더 중요한 것은 결과입니다. 아무리 의도가 좋아도 의도에 따른 결과가, 즉 행동이 상대에게 따뜻함으로 전해지지 않는다면 사랑이 아니라 폭력입니다. 사랑이라 착각하며 사는 부모, 부부, 상사 들이 세상에는 많습니다. 늘 자신의 의도만을 내세우며 항변합니다. 너를 사랑해서 그랬다는 말로 자신의 결과를 숨기고 축소하고 방어하는 경향이 우리에게 있습니다. 그러나 진정한 사랑은 자신이 저지른 행동의 폭력성을 말갛게 들여다보고 반성적으로 성찰할 때 이루어집니다.

 한쪽의 누름은 다른 쪽의 솟음을 가져오게 합니다. 작용과 반작용이라 할 수 있습니다. 어린 시절에는 힘이 없어 부모에게 일방적으로 눌리던 자녀가 힘이 생기는 청소년 시절부터 슬슬 반항을 시작하고, 어른이 되면 다양한 방법으로 부모에게 공격을 가하는 일이 종종 일어납니다. 이를 솟음이라 부를 수 있습니다. 나이가 서른이 넘고 마흔이 넘어 직장도 구하지 않고, 결혼도 하지 않고 부모 집에서 부모에게 모든 것을 의존하면서 폭력까지 행사하는 자식을 가만 들여다보면 누름 뒤에 솟음으로 복수하는 경우가 많습니다.

 부모가 가장 힘들어 할 지점을 알고, 거기를 자신의 망가짐으로 밀고 나오는 형국입니다. 누름은 반드시 솟음을 가져옵니다. 엄마가 나한테 해준 게 뭐가 있냐는 거친 항의부터 부모에게 주먹을 휘두르는 폭력에 이르기까지 솟음도 누름처럼 다양한 형태, 다양한 수준으로 나타납니다. 누름에도 그 반작용인 솟음에도 사랑이 없다는 것은 당연합니다.

비폭력대화를 우리나라에 소개한 선생님에게 자녀를 부를 때 몇 살 나신 분이라고 부르라는 제안을 받은 적이 있습니다. 예를 들어 자녀의 나이가 아홉이면 우리 집에 아홉 살 나신 분이 사신다고 말하는 습관을 들이라는 것이죠. 그 말을 들은 다음 날부터 저희 집에는 마흔 살 나신 엄마 분과 마흔다섯 살 나신 아빠 분과 다섯 살 나신 아들 분이 살기 시작했습니다. 그러자 신기한 일이 일어났습니다. 다섯 살짜리에게는 명령했으나 다섯 살 나신 분에게는 충분한 설명을 드려야 했습니다. 아이의 반응이 환해진 건 말할 나위도 없습니다. 그 후 지금까지 아들은 매 년 한 살씩 더 나이 드신 분이 되었습니다. 호칭 하나 바꾸었을 뿐인데 사랑이 깃들기 시작했습니다. 사랑의 반대말은 누름입니다. 사랑의 동의어는 평등입니다. 의도도 결과도 온전해야 건강한 사랑입니다.

당함과 입음

수수께끼를 하나 내려고 합니다. 다시 오기를 제일 싫어하는 것과 다시 오기를 제일 좋아하는 것은 무엇일까요? 답은 고통과 기쁨입니다. 고통을 다시 경험하고 싶어 하는 사람은 없겠죠. 고통은 익숙해지지 않습니다. 이에 비해 기쁨은 한 번만으로는 부족합니다. 계속해서 오기를 바랍니다.

고통을 당하면, 왜 내가 이런 고통을 당하는가 하고 묻게 됩니다. 원인을 알게 되면 대책을 세우려고 합니다. 다시 겪지 않기 위해서입니다. 이는 지금의 나에게 새로운 무엇인가를 입히는 행위이기도 합니다. 당함은 입음을 낳습니다. 오늘은 울지만 다시는 울지 않겠다는 유행가 가사처럼 지금은 당하지만 다시는 당하지 않겠다는 마음이 입음으로 나타납니다.

입음의 형태는 다양합니다. 폭력을 당하면 언제든 도망갈 준비를 할 수도 있고, 호신술을 배워 제압할 실력을 갖출 수도 있습니다. 또한 폭력을 당한다 해도 자신의 자존감을 해치지 않을 내적 힘을 다질 수도 있습니다. 어떤 입음을 선택할 것인가에 따라 삶의 모습은 전혀 다르게 나타납니다.

인생살이에서 당함보다 더 중요한 것은 입음의 형태를 선택하는 것입니다. 부모에게 억압을 당하는 청소년을 봐도 이러한 사실을 알 수 있습니다. 일탈로 대응하는 아이가 있는가 하면, 자살로 극단적인 대응을 하는 아이도 있습니다. 등교 거부로 대응하는 아이도 있고, 운동이나 공부로 두각을 나타내는 아이도 있습니다. 입음의 형태를 선택하는 것에 따라 앞으로의 삶의 궤적은 크게 달라집니다.

개인적 차원을 넘어서도 당함과 입음의 인과관계는 달라지지 않습니다. 우리나라는 오랜 세월 동안 당함의 굴레 속에 있었습니다. 가깝게는 일본에게 45년간 당함이 그것입니다. 이전으로 올라가면 중국으로부터 수없이 많은 외침을 당해야 했습니다. 사회의 당함은 한두 사람의 경험을 넘어서므로 결국 집단적 입음으로 나타납니다. 우리의 집단적 입음은 스펙이라는 한 마디로 요약할 수 있습니다. 힘을 가져야 당하지 않는다는 집단적 의식으로, 더 힘 있는 자리에 오르려 하고, 이를 위해 필요한 수단을 귀하게 여기도록 만들었습니다. 힘을 가질 수 있는 것으로 권력과 부를 생각했고, 이를 위한 수단으로 학력과 외모를 생각했습니다.

목적으로서 권력과 부, 수단으로서 학력과 외모는 시간이 지나면서 모두 목적으로 변했습니다. 대부분의 사람들이 그 네 가지를 가지려고 했습니다. 그러다 보니 남 따라 사는 인생들이 가득하게 되었습니다. 권력, 부, 학력, 외모에는 공통점이 있습니다. 인간의 외적인 모습을 대표한다는 것이지요. 인간의 내적인 품격, 가치, 철학을 말해줄 수는 없습니다. 그러나 당한 민족에게 내적인 것을 중요하게 볼 여유는 없었습니다. 그것은 당하지 않은 사람들 세계에서 중요한 것이지 당장 목숨이 오가는 당함의 현장에서 인격과 철학을 소중히 여기기는 어렵습니다.

  상황과 조건은 인간의 모습을 규정하는 중요한 전제입니다. 유엔난민기구가 소말리아에 상담을 제공하기로 한 프로젝트가 있었는데 실패로 돌아갔습니다. 난민은 상담을 원하지 않았습니다. 당장의 아사를 해결할 식량이 우선이었습니다. 상황과 조건은 맥락을 만들고, 맥락 속의 필요를 채우려는 인간을 만듭니다. 소말리아의 맥락은 굶주림이었고 채우려는 것은 당연히 식량이 되었습니다. 마찬가지로 우리 사회의 맥락은 당함을 막는 것이었고 그것을 채우려는 것이 권력, 부였습니다. 힘이 있어야 돈이 있어야 더 이상 험한 꼴을 당하지 않는다는 믿음은 침략의 맥락에서는 당연했습니다.

  문제는 그러한 침략이 사라진 후에도, 즉 맥락이 바뀐 후에도 믿음을 지속한다는 것입니다. 전시 상황에서 입은 군복을 벗지 않고 평시에도 군복을 입고 생활하는 형국입니다. 그 결과 가장 고통 받는 존재는 아이러니하게도 군복을 입은 우리 자신입니다. 지금 맥락에 걸

맞은 평상복으로 갈아입는 노력이 필요합니다. 그러기 위해서는 지금도 군복을 입게 된 슬픈 역사를 이해하고, 연민의 마음으로 볼 필요가 있습니다. 우리가 우리를 욕하기는 쉽지만 이해하고 연민의 마음으로 끌어안기는 어렵습니다. 미움으로는 어떠한 변화도 불가능합니다. 그것은 개인과 사회 모두에 통하는 원리입니다. 그래, 그땐 그럴 수밖에 없었겠다. 그러나 우리는 상황이 다르니 다르게 살면 된다. 이렇게 이전의 우리를 연민의 마음으로 이해하고 지금의 우리를 새로운 사명을 가진 존재로 긍정한다면 조금씩 더 좋은 세상을 만들어 나갈 수 있을 것입니다.

개인의 차원에서도 이러한 당함과 입음의 원리는 같습니다. 지난날 부모에게 당한 역사가 있다면 그 맥락에 따라 선택한, 입음의 형태가 있습니다. 문제는 이제 전혀 그런 맥락이 아닌데도 이전에 선택한 입음의 형태를 고수하려는 것입니다. 결국 관계의 여러 충돌로 나타날 수밖에 없습니다. 지독한 가난에 한이 맺힌 사람이 수백억대의 부자가 되어서도 푼 돈 한 장에 벌벌 떠는 입음의 형태를 지속한다면 자식들과의 관계에서 크고 작은 불협화음이 생기게 됩니다. 부모가 이전 맥락의 감옥에 갇혀 있는 것입니다. 이제는 상황과 조건이 달라졌다, 따라서 나의 대처도 달라져야 한다. 이것이 당함과 입음의 유연한 적용입니다. 사회도 개인도 습관이 무섭습니다.

철학자 쇼펜하우어는 우리는 남과 같아지려고 자신의 4분의 3을 잃는다고 했습니다. 이제 더 이상 남과 같아지려고 기를 쓰지 않아도 됩니다. 밖으로 보이는 권력, 부, 학력, 외모의 입음을 벗고 내 안에 있는 나의 가치, 개성, 자유, 품격을 입는 세상이 되었습니다. 새로운 세상은 이미 와 있습니다. 혼자 예전의 세상에서 살 필요는 없습니다.

캐나다에서 나무 심기

캐나다에 살다 오신 교포 분을 만난 적이 있습니다. 식목일이 멀지 않던 때라 나무에 대한 이야기를 했고, 그분은 한국에서 나무를 심는 때와 캐나다에서 심는 때가 다르다는 이야기를 하셨습니다. 한국에서는 날씨 좋은 봄날 4월 5일을 식목일로 정해 전국에서 나무를 심는데, 캐나다는 9월에 심는다고 합니다. 이유를 물으니 나무가 일찍 고생해야 제대로 자라기 때문이랍니다.

9월이면 찬 바람이 불고 곧 겨울이 옵니다. 이제 막 생존 싸움을 시작한 어린 묘목이 바로 겪는 세상은 차가운 가을과 겨울입니다. 그렇게 한 번 겨울을 겪고 적응한 묘목은 봄이 되면 쑥쑥 자란다고 합니다. 이에 비해 한국은 어린 나무가 보호받아야 한다고 생각하여 가장 날씨 좋고 따뜻한 봄에 심는 게 아니겠냐고 했습니다. 게다가 어린 나무 옆에 지지대를 대어놓아 의지해 크도록 하는 것 같다고 했습니다. 자연 속 나무는 스스로 뿌리를 내리고 아무 도움 없이 자생하는 것이 이치인데 너무 과보호하는 것처럼 보인다고도 했습니다. 나무 심기에 더 나은 때가 언제이냐를 떠나 그렇게도 볼 수 있겠다는 점에서 흥미로웠습니다.

아들이 스키를 처음 배우던 날이 기억납니다. 개인 레슨을 2시간 받는데 멀리서 지켜보니 아들이 자꾸 옆으로 쓰러지는 것 같았습니다. 나중에 들어보니 먼저 가르친 것이 스키 타는 법이 아니라 넘어졌을 때 스스로 일어서는 법이라고 했습니다. 이내 수긍이 되었습니다. 잘 타는 법을 가르치기 전에 넘어지고 일어서는 법을 가르치는 것이 올바르겠다 싶었습니다.

우리는 소중히 여기는 사람이나 물건이 있으면 과보호하는 습관이 있습니다. 그러다 보니 아이를 키울 때도 되도록 아이가 수고하거나 힘들지 않도록 부모가 먹여주고 입혀주고 재워주는 일로 일상을 채워갑니다. 아이들이 손 하나 까딱하지 않고 밥을 먹을 수 있는 문화가 우리 문화입니다. 그렇게 자라는 아이는 4월 5일 식수한 나무와 같아서 작은 어려움이나 비바람이 닥치면 크게 좌절하고 방황하며 심한 경우 스스로 삶을 포기하기도 합니다.

살면서 무슨 일이 어떻게 생길지 알 수 없습니다. 언제까지나 부모가 가림막이 되어줄 수 없는 노릇입니다. 어려운 환경에 처해도 보고 그것을 극복하는 과정을 통해 자립하는 힘을 키우게 하는 것이 나쁠 리 없습니다. 어린 시절 고생은 인생의 면역력이 될 수도 있습니다.

한때 텔레비전에 자주 출연했던 프랑스 여성이 한국의 때찌때찌 문화에 대해 신문에 쓴 글을 본 적이 있습니다. 아이가 벽에 부딪쳐 아파하면 '때찌때찌' 하고 벽을 치며 나무라는 흉내를 내는 한국의 문화가 이해되지 않았다고 합니다. 조심하지 않은 아이가 잘못이지 멀쩡히 그 자리에 있던 벽이 무슨 잘못이냐는 것이죠. 저는 이 말이 일리가 있다 싶었습니다. 자기 책임, 자기 잘못을 직시하게 해야 앞으로 조심하게 되고, 멀리 보면 아이가 세상을 제대로 살아갈 올바른 이치를 알게 됩니다. 때찌때찌 문화는 아이를 당장 달래려다가 외부 환경에 탓을 돌리는 심성을 키워줄 수 있습니다. 벽이나 방바닥이면 별 문제 없겠지만, 사람에게도 때찌때찌 하는 모습을 보여준다면, 결국 사람에게도 받은 만큼 돌려주라는 교육이 될 수 있습니다. 귀여워 보일 뿐이지, 폭력이 아니라고 할 수는 없습니다.

　아이들은 어린 묘목입니다. 묘목이 약하다고 지나치게 좋은 환경만 제공한다면 역설적으로 자생력과 자립심을 해칠 독이 될 수 있습니다. 아프고 힘들어도 외부 탓보다는 스스로 강해지는 것이 성장입니다. 따뜻한 봄보다 추워지는 가을에 나무를 심는 문화에는 많은 의미가 담긴 것 같습니다.

남 위해 하는 일은 오래 못 간다

자식들 모두 출가하고 아내와 둘이 살면서 일흔 가까워오는 남편이 매일 아침상을 차립니다. 아내 아침잠이 많다는 것을 아는 남편이 일찍 일어나 밥하고 반찬을 차리는 것입니다. 외식을 하러 가면 아내가 가고 싶은 식당에 갑니다. 젊어 사회생활하면서 먹어보지 않은 음식이 없고, 이것저것 가리지 않는 식성을 가진 남편이라 아내가 먹고 싶은 것은 자신도 잘 먹을 수 있다는 것을 압니다. 아내는 그런 남편이 고맙습니다. 어느 집 이야기를 들어봐도 이 나이에 아침밥하고 외식할 때 아내 좋아하는 집에 가서 맛있게 먹어주는 남편 이야기를 듣기 어려우니까요. 남편은 정년퇴임하고 공부도 시작해 사이버대학교에서 사회복지학과 상담심리학까지 전공하고, 내친 김에 상담심리학 대학원까지 마쳤습니다.

제가 결성해 월마다 한 번 모이는 상처 치유 모임 붕대클럽 멤버

분의 이야기입니다. 한번은 그 이유를 솔직히 말씀하셨는데, 아내를 위해서가 아니라 나를 위해서라고 하더군요. 붕대클럽에 참석한 분들이 의아해서 물었습니다. 아내가 먹을 아침밥을 준비하고, 아내가 좋아하는 식당에 가서 외식하는 것이 왜 남편 자신을 위한 것이냐는 질문에 그분은 간단히 답했습니다. 그렇게 하면 결과적으로 누가 제일 좋습니까? 저 아닙니까? 달랑 아내와 둘이 사는데 아내가 얼굴을 찡그리고 힘들어 하면 누가 힘들어지겠습니까. 저 아닙니까? 제가 아침밥을 준비하면 아내가 웃습니다. 아내가 좋아하는 식당에 가서 먹으면 아내가 행복해 합니다. 아내의 웃음과 행복이 저를 긴장하지 않게 하고 편안하게 해줍니다. 그러니 어떻게 제가 아침밥을 하지 않고 외식을 아내 원하는 곳에 가지 않겠습니까. 이 말에 꿀 먹은 벙어리가 된 분도 있었고, 박수를 치는 분도 있었습니다.

　아무리 좋은 일도 남 위해 하는 일은 오래 못 갑니다. 긴 병에 효자 없다는 말은 아무리 좋은 마음으로 효자 노릇 한다 해도 부모를 위한 일이라 점점 지쳐간다는 이치를 간략히 표현한 것입니다. 사람은 자기 자신을 가장 사랑합니다. 그래서일까, 자기 자신을 위해 하는 일은 좀처럼 지치지 않습니다. 아들이 어렸을 때 놀아주다가 울리는 경우가 여러 번 있었습니다. 왜 신나게 시작해서 아들의 울음으로 마칠까, 이유는 간단했습니다. 저를 위해 놀은 것이 아니라 아이를 위해 놀아주었기 때문이었습니다. 그 후 저를 위해 놀려고 했습니다. 놀아주는 것이 아니라 아들과 놀았습니다. 아이가 우는 일이 거짓말처럼 사라졌습니다. 그리고 아이와 놀면서 지치지도 않았습니다.

붕대클럽의 한 분은 설거지를 해주지 말고 하라고 했습니다. 빨래를 개주지 말고 개라고 했습니다. 살림을 도와주지 말고 살림을 하라고 했습니다. 무엇을 해준다는 것은 원래 내 일이 아닌데 상대를 위해 한다는 의미라 오래가지 못하고 결국 생색을 내어 결과가 좋지 못하다는 것이죠. 아이와 놀아주지 말고 놀기, 아내 살림을 도와주지 말고 살림하기. 다른 사람을 위한 것인가, 나를 위한 것인가, 생각에 따라 가치가 달라집니다.

아침상을 차리고 외식은 아내가 좋아하는 곳으로 간다면, 일차 수혜자는 아내겠지만 그로 인한 최종 수혜자는 남편입니다. 매일 가는 뒷산 산책길에 쓰러져 있는 나뭇가지를 치우는 것이 길을 위한 것인가, 나를 위한 것인가를 생각해보면 왜 이 이치가 중요한지 쉽게 알 수 있습니다. 나뭇가지를 치우면 결국 최종 수혜자는 나입니다. 나를 위해서 나뭇가지를 치우는 것입니다. 그렇게 이치를 알고 행하면 마음이 즐거울 수밖에 없습니다. 다른 사람을 위해 자신의 시간과 에너지와 돈을 쓰는 자원봉사자들을 만나 보면 대부분 봉사의 최종 수혜자가 자신이더라는 이야기를 합니다. 남한테 잘하니 스스로 자부심과 긍지를 느끼고 사람들에게 고맙다는 소리도 들으니 자존감도 높아져 삶이 즐겁다고 합니다. 결국 나를 위해 남을 돕는다는 이야기입니다.

부부 사이에서 내가 이 일을 하는 것은 나를 위한 것인가, 배우자를 위한 것인가. 최종 수혜자가 나여야 한다면 방해가 되는 나뭇가지를 치워야 하지 않겠습니까. 그것은 설거지가 될 수도 있고 부부가 함께 나물 다듬는 일일 수도 있습니다. 자녀와 웃는 대화가 될 수도 있고 가족 여행이 될 수도 있습니다. 가족에게 잘하면 언제나 최종 수혜자는 내가 됩니다. 그것을 우리는 건강한 이기주의라 합니다. 가족을 위해 가족에게 잘하지 말고 나를 위해 가족에게 잘하자. 아침상을 차리는 분에게 배운 교훈이었습니다.

악은 선으로 갚는 게 아니다

남이 악하게 해도 나는 선으로 갚아야 내 마음이 편하고 복도 받는다고 생각하는 사람들이 있습니다. 그러나 악을 선으로 갚기도 어려울 뿐 아니라 설령 선으로 갚는다 해도 복을 받는 사람은 많지 않습니다. 더구나 덤으로 화병까지 걸릴 수 있습니다. 아무 반성도 하지 않는 가해자를, 피해자가 자기 마음 편하자고 선으로 용서해준다면, 그 사람은 똑같은 짓을 또 다른 사람에게 저지를 수 있습니다. 나의 어설픈 선행이 연쇄적인 피해자를 만들 수 있다면 선행은 더 이상 선행이 아니게 됩니다.

강원도에서 남편 집단상담에 참석하셨던 오야지라는 별칭을 쓰신 분이 생각납니다. 환갑이 넘은 나이였는데, 평생 공사판에서 몸으로 먹고산 분이었습니다. 사람 관계에서의 처신을 감각적으로 아는 분이었습니다. 그분이 지난겨울에 겪었다며 들려주신 이야기가 꽤 인상 깊었습니다.

 일감도 떨어진 겨울밤 시골, 동네사람 몇이 모여 술 한잔하면서 화투를 치고 있었습니다. 밤이 깊어지면서 오야지 님 옆에 앉아 화투를 치던 떡집 김 씨가 자꾸 사기 화투를 친다고 시비를 걸어오더랍니다. 이미 소주를 두어 병 마신 김 씨였는데, 급기야 소주병을 들고 오야지 님의 뒷머리를 내리쳤습니다. 순간 머리에서 피가 흐르면서 화투판은 난장판으로 변하고 말았습니다.

 오야지 님은 흐르는 피를 닦으며 김 씨에게 "넌, 이제 죽었어!"라고 했습니다. 그러고 급히 동네 사람 차를 타고 응급실로 갔습니다. 머리를 여러 바늘 꿰매야 했죠. 그런 중에 경찰에 신고했고, 가해자 김 씨는 경찰서에서 조사를 받게 되었습니다. 오야지 님은 가죽잠바를 입고 있었는데 머리에서 흐른 피가 잠바 속까지 흘러 물들었습니다. 머리를 꿰매는 데 든 돈이 20만 원가량 되었습니다. 응급조치 후 집으로 돌아오자 아내가 난리가 났습니다. 이웃 떡집 김 씨에게 남편이 머리까지 찢기는 부상을 입었으니 화가 머리끝까지 난 것이지요.

 오야지 님은 집으로 오면서 이 일을 어떻게 해야 할지 생각해둔 바가 있어, 아내의 흥분을 가라앉히며 당부했습니다. "이 사람아, 이왕 다친 거 그렇게 흥분한다고 다시 돌아가는 건 아니잖아. 그나저나 좀 있으면 김 씨 내외가 합의를 하자고 올 거야. 그때 당신은 가만히 있어. 내가 머리 꿰맨 값이 의료보험이 되어 20만 원 나왔고, 당신이 결혼하고 처음 사 줬던 이 가죽잠바가 30만 원쯤 되었는데 못 입게 되었으니, 내가 김 씨 부부에게 50만 원쯤 받으려고 하네. 그리 알고 있게." 아내는 달랑 50만 원만 받겠다는 말에 기가 막혔지만 평소 남편의 처신이 그른 적이 없기도 했고 워낙 단호히 말하는 통에 "어이구, 당신이 알아서 하구려" 하고 동의해주었습니다.

 잠시 후 정말 허겁지겁 부인 손에 이끌려 아직 술이 덜 깬 김 씨가 오야지 님 집으로 왔습니다. 옷도 제대로 챙겨 입지 못하고 온 김 씨의 아내는 오야지 님 부부에게 합의를 해달라고 간청하기 시작했습니다. 합의를 하여 고소를 취하하지 않으면 형사처벌을 받아 감옥에 가야 한다는 경찰의 말이 무서웠습니다. 김 씨는 고개를 숙이고 연신 미안하다고 하더랍니다. 오야지 님은 합의를 해주겠다고 했습니다. 조심스럽게 얼마에 합의를 해줄 거냐고 묻는 김 씨 아내에게 오야지 님이 말했습니다. 정신적 피해 위자료 천만 원과 일 못 하고 누워 있어야 하니 신체 피해 보상비 천만 원을 합쳐 2천만 원에 합의하겠다고 말입니다. 그러자 김 씨 아내는 제발 살려달라, 이웃집에 살면서 사정을 알지 않느냐, 우리에게 그런 큰돈이 어디 있느냐 읍소를 하더랍니다. 이에 오야지 님은 잠시 시간을 끌다가 못 이긴 체, 그럼 절반 뚝 떼어서 천만 원에 해주겠다, 그 이하는 십 원도 되지 않는다고 했습니다. 김 씨 부부는 손이 발이 되게 빌면서 그것도 너무 큰돈이니 제발 좀 적게 해달라고 애원했습니다. 한참 그런 모습을 말없이 보던 오야지 님은 두 사람에게 물었습니다. "일단 지금 가지고 온 돈부터 다 꺼내놔 봐." 그 말에 들고 온 꼬깃꼬깃 구겨진 만 원짜리며 동전을 주르르 내놓았는데 52만 원하고 몇 천 원이 되더랍니다. 오야지 님은 그 돈에서 2만 몇 천 원은 옆으로 밀친 후 나지막하게 말했습니다.

"내 머리 다쳐서 수술한 돈이 20만 원이고, 피가 묻어서 못 입게 된 아내가 처음 선물해준 가죽 옷이 30만 원이라 50만 원을 받을 테니 그리 아시오." 오야지 님의 말에 두 부부가 서로 얼굴을 쳐다보다가 엉엉 울더랍니다. "형님, 죽을죄를 졌습니다. 정말 죄송합니다. 그리고 정말 고맙습니다." 그 일이 있고 나서 몇 년이 흘렀는데 김 씨 부부는 달마다 떡을 한 아름 가져오고, 평소에도 극진하게 대해준다고 합니다. 이야기를 마치며 오야지 님이 제게 물었습니다. "제가 그때 잘한 거 맞나요?"

저는 오야지 님의 질문에 이렇게 되물었습니다. "혹시 오야지 님, 전생에 공자님 아니셨습니까?" 제 말에 의아해진 오야지 님이 그게 무슨 말이냐고 물었습니다. 제가 설명했습니다.

"공자의 제자가 공자에게 물었습니다. 스승님, 악은 선으로 갚아야지요? 그러자 공자가 제자에게 되물었습니다. 그럼 선은 무엇으로 갚느냐? 할 말을 잃은 제자에게 다음과 같이 말했습니다. 악은 선으로 갚는 게 아니라 정(正)으로 세우는 것이다. 지금 오야지 님은 떡집 김 씨의 악을 선으로 갚으신 것이 아니라 먼저 바름, 즉 정으로 세우셨습니다. 그 악한 행동이 2천만 원에 해당할 만큼 중하다고 분명히 알린 것입니다. 그렇게 정을 바로 세운 후에 선으로 악을 갚으셨죠. 50만 원에 합의해주신 것이 그것이죠. 그런 일을 당하고 50만 원으로 합의해주는 분은 오야지 님밖에 없으실 겁니다. 만약 처음부터 50만 원에 합의하겠다고 했다면 얼마나 우습고 하찮은 인간이 되었겠습니까. 어떤 동네 사람은 오야지 님을 함부로 대해도 좋은 사람이라고 비웃지 않았겠습니까. 또한 2천만 원을 끝까지 받아냈더라면 피도 눈물도 없이 돈만 아는 늙은이로 손가락질을 받으셨을 겁니다. 오야지 님은 전생에 공자님이었나 봅니다. 공자님 말씀 그대로 악을 정으로 세우고 다시 선으로 갚으셨으니 말입니다."

저의 설명에 오야지 님의 얼굴이 환해졌습니다. "아, 그게 그렇게 되는 겁니까?" 이야기를 듣던 참가자들도 박수를 보냈습니다. 그다음 주에 이어진 집단상담에 오야지 님이 떡을 한 상자 안고 왔습니다. 무슨 떡이냐고 묻자 호탕하게 웃으며 말했습니다. "하하, 공자 떡입니다. 공자 떡!" 그 말에 모두들 웃었습니다.

살다 보면 뜻하지 않게 악한 일을 당하기도 합니다. 당황한 마음에 복수를 시도하다 되레 더 큰 일을 당하기도 하고, 어설프게 선으로 갚으려다 사람 꼴만 우스워지기도 합니다. 쉽지 않겠지만 우선 악하게 행동한 사람에게 분명히 알리는 것이 선행되어야 합니다. 용서나 선행은 그 뒤에 해도 늦지 않습니다. 악은 선으로 갚는 것이 아닙니다. 악은 정으로 세우는 것입니다. 잘못된 것을 바로잡는 것이 먼저입니다.

버거운 짐을 지우면 부모가 아니다

부모도 사람이다 보니 크고 작은 실수를 저지르고 이런저런 상처를 자식에게 줍니다. 그런데 조금 더 생각해보면 하지 않을 수 있는 실수도 있고, 주지 않을 수 있는 상처도 있습니다. 부모가 하지 말아야 하는 일 가운데 미리 알아두면 좋을 것이 있습니다. 자식이 자기 힘에 버거운 짐을 지게 하지는 말자는 것입니다.

지금도 어린 자녀에게 "엄마가 더 좋아, 아빠가 더 좋아?" 하고 묻는 부모가 있습니다. 이런 질문을 받으면 자식은 난감해집니다. 생각을 해본 적이 없어서이기도 하지만 뭐라고 대답해야 할지 알 수 있는 때가 아닙니다. 아이는 엄마도 좋고 아빠도 좋습니다. 더 정확히 말하자면 이런 때는 엄마가 좋고, 저런 때는 아빠가 좋습니다. 하나의 저울에 올려놓고 잴 수 있는 성질의 것이 아닙니다. 대답을 재촉하면 아이는 난처해집니다. 대답할 인지 수준도 안 되고 거부할 힘도 없습니다. 부모 입장에서는 장난이라도 아이 입장에서는 폭력이 됩니다.

　아이가 자라는 동안에 부모는 다투기도 하고 갈등이 심해지기도 합니다. 부부 사이가 늘 봄날일 수는 없으니까요. 그럴 때 이렇게 묻는 부모가 있습니다. "넌 엄마가 맞는 거 같아, 아빠가 맞는 거 같아?" 자녀가 두 번째로 난감해지는 순간입니다. 그건 아이의 경험 세계를 넘어서는 질문입니다. 복잡하기 그지없는 부모의 관계를 어떻게 한쪽 부모의 말만 듣고 판단할 수 있겠습니까. 그건 불가능합니다. 그런데도 많은 부모가 아이가 감당할 수 없는 질문을 합니다.

　얼마 전 만난 한 아버지는 자수성가한 사람이었습니다. 한창 잘나가던 시절에는 별 문제없이 살았는데 사업이 부도나면서 문제가 불거지기 시작했습니다. 생업에 쫓기던 부인이 대형 마트에 일을 나가게 되었고, 점점 귀가 시간이 늦어졌습니다. 여러 번 경고했지만 얼큰하게 술에 취해 들어오는 날만 늘었습니다. 급기야 아내를 구타하는 일이 생겼고, 아내는 짐을 싸 나갔습니다. 집에는 아버지와 직장에 다니는 스무 살 조금 넘은 딸만 남았습니다. 그렇게 1년 가까이 별거 기간이 이어졌습니다.

　부인은 직장 근처에 작은 방을 얻어 혼자 살았습니다. 엄마가 보고 싶은 딸이 간간이 찾아와 자고 갔습니다. 그런 날이면 딸의 얼굴이 무겁고 어두웠습니다. 엄마의 하소연을 듣다 보면 왜 집을 나갈 수밖에 없었는지, 같은 여자의 입장으로 이해가 갔습니다. 평생 매사 자기중심적이고 자기 말이 법인 남편을 견딜 수 없던 차에 구타까지 당하니 견딜 수 없었다는 것이 엄마의 이야기였습니다. 딸은 엄마와 아빠가 하루라도 빨리 다시 함께 살기를 빌었습니다.

한번은 남편도 아내가 혼자 사는 방을 가보았습니다. 술병이 나뒹굴고 어지러운 방을 보고 혀를 끌끌 찼습니다. 이번 기회에 아예 이혼을 하자고 마음먹었습니다. 그런데 딸이 반대를 합니다. 딸만 아니면 바로 이혼할 수 있을 텐데. 아빠는 자기 마음을 몰라주고 집 나간 엄마 마음만 이해해주는 것 같은 딸이 야속합니다. 그래서 서운합니다. 그러던 어느 날 저녁, 아내와 통화하다 말다툼이 벌어졌습니다. 마침 딸이 집에 들어오는 소리가 나자, 아빠는 스피커폰 모드로 바꿔 엄마와 치르는 전쟁을 생방송으로 중계했습니다. 술 취해 혀가 꼬부라진 엄마의 목소리와 아빠의 화내는 목소리, 외도를 추궁하며 잘잘못을 나무라고 따지는 소리가 여과 없이 그대로 딸의 귀에 들어갔습니다. 그런데 통화를 다 들은 딸이 말없이 방으로 들어갔습니다. 얼마 후 짐을 꾸린 가방을 들고 나와서는 아는 언니 집으로 가겠다는 선언을 하고 나가버렸습니다.

아빠는 도무지 딸의 행동이 이해되지 않았습니다. 엄마의 실상을 그대로 알려 억울한 마음을 위로받고 응원군을 얻으려 했던 아버지의 생각은 보기 좋게 빗나갔습니다. 이유가 무엇이었을까요. 통화 내용을 모두 들은 딸이 부모의 민낯을 고스란히 보게 되었고, 이제 아빠도 엄마도 모두 싫어졌기 때문입니다.

부모는 자녀에게 각각 반쪽 하늘과 같습니다. 스피커폰으로 듣기 전까지 마음속의 부모님은 동정의 여지가 있었지만, 스피커폰에서 흘러나온 서로 할퀴고 싸우는 모습은 그런 여지마저 없앴습니다. 그런 부모 밑에서 태어난 자신은 뭐가 될까요. 그런 마음이 들어 아버지 곁에도 어머니 곁에도 더 이상 있고 싶지 않았던 것이 딸의 마음이었습니다. 아버지는 결국 작은 것을 얻으려다가 큰 것을 잃었습니다. 부모를 상대로 시시비비를 가리도록 한 것은 가혹한 처사였습니다. 버거운 짐을 딸의 등에 덜컥 지웠습니다. 딸의 마음에 상처를 남겼습니다.

어머니와 다른 아버지의 사랑

'아버지 날 낳으시고 어머니 날 기르시니.' 어린 시절에 이 말이 잘 이해되지 않았습니다. 어머니가 나를 낳고 아버지가 나를 기르셨다고 해야 맞지 않나 하고 생각했습니다. 다 자라서는 나를 낳은 분도 어머니이고 기른 분도 어머니라는 것을 알게 되었습니다. 그렇다면 아버지란 도대체 뭐하는 사람인가, 이런 생각마저 들었습니다.

한 아버지도 이런 생각이 들었는지 법륜 스님의 즉문즉설 강연에서 스님께 질문했다고 합니다. 아이 기르는 일은 어머니가 다 하는데 아버지는 할 일이 뭐가 있느냐고요. 그러자 스님은 어머니가 아이를 잘 기를 수 있도록 어머니인 아내에게 잘해주라고 했습니다. 올바른 말씀이라는 생각이 들면서도 한편으로는 그래도 아버지가 자식에게 직접 해줄 일이 있을 텐데 하는 생각이 들었습니다.

우리 속담에 '어미 손이 약손이고 아비 손이 범손'이라는 말이 있는 걸 보면 아이에 대한 엄마의 사랑이 다르고 아빠의 사랑이 다른 것 같습니다. 아끼고 보살피는 사랑의 마음은 같아도 보이는 모습은 다르겠죠. '엄부자모'도 비슷한 뜻입니다. 아버지는 엄하고, 어머니는 자애롭다. 자애롭다는 말은 품에서 품는다는 말로도 들립니다. 이에 비해 엄하다는 말은 마냥 품어주지는 않는다는 말로 들립니다.

엄마의 사랑이 무조건 사랑에 기반한 애착(attachment)이라면 아빠의 사랑은 조건부 사랑에 기반한 탈착(detachment)이라 할 수 있습니다. 사랑은 끌어당기는 애착과 밀어내는 탈착이 모두 필요합니다. 언제까지나 부모의 자식으로만 존재할 수 없습니다. 그러니 부모를 벗어나 세상에 나가 자립하는 것이 요구됩니다. 이럴 때 밀어내는 힘, 즉 탈착의 역할을 부모 가운데 누군가는 해주어야 합니다. 그 역할을 대개 아버지가 담당합니다.

어머니의 사랑을 자연의 사랑이라고 한다면, 아버지의 사랑은 인위의 사랑이라 할 수 있습니다. 자연의 사랑은 따지지 않는 사랑이라 설령 자식이 살인을 저질렀다 해도 품는 사랑입니다. 이에 비해 인위의 사랑은 벌을 받도록 냉정하게 떠나보내는 사랑입니다. 어릴 때는 자연의 사랑이 우선이지만 나이가 들수록 인위의 사랑이 필요합니다. 인위의 사랑을 한마디로 말하면 '세상에는 공짜가 없다'입니다. 자연의 사랑에는 아무 조건이 없지만, 인위의 사랑을 받으려면 일정한 조건을 충족해야 합니다. 엄마의 사랑은 공짜이지만 아빠의 사랑은 공짜가 아닌 것입니다.

세상이 요구하는 조건을 힘들더라도 구비하는 과정을 사회화 과정이라고 합니다. 타인을 해하지 않는 몸과 마음의 자세와 태도를 익히는 것은 사회화의 기본 과정입니다. 이후 세상을 이해하는 데 필요한 지식을 익히는 것이 중급 과정입니다. 지식을 바탕으로 세상 사람들에게 도움이 되고 유익을 주는 나의 영역을 구축하는 것은 고급 과정입니다. 이러한 과정을 성실하게 익혀나갈 때마다 보상으로 커다란 칭찬과 격려를 제공하고, 그러지 못할 때는 엄한 한마디와 비판을 가하는 것이 아버지의 사랑입니다. 세상의 목소리를 대변하는 것이 아버지의 사랑이라 할 수 있습니다.

그러므로 온전한 한 사람으로 자립하기 위해서는 어머니의 사랑과 아버지의 사랑이 조화롭게 마음속에 자리 잡아야 합니다. 이것이 동서고금을 막론하고 인류가 만들어 전통으로 간직해온 자식에 대한 자연과 인위의 사랑입니다. 이 두 사랑이 조화롭고 온전할수록 자녀는 따뜻하면서 강인한 사람이 될 것입니다. 또한 나중에 그런 부모가 될 것입니다.

모든 것이 사라졌을 때 나는 누구인가

내가 가진 모든 것이 사라졌을 때 나는 누구일까요? 학력, 재산, 지위, 가족이 모두 사라지고 남은 나는 누구이겠습니까?

대학에서 가르칠 때 이 질문을 중간고사로 낸 적이 있습니다. 학기 초에 미리 시험문제를 알려주고 예고한 그대로 문제를 냈습니다. 가장 높은 점수는 '우리 어머니를 어쩌실 거예요?'라는 답안을 쓴 학생이었습니다. 이 학생은 문제를 받아 적은 후 집에 가서 "엄마, 오늘 선생님이 '내가 가진 것이 나라고 할 때, 내가 가진 것을 모두 잃어버린 후 나는 누구인가?'라는 문제를 중간고사 때 낸다는데 엄마는 그게 뭐라고 생각해?" 하고 물었답니다. 그랬더니 엄마가 며칠 후 우울증에 걸렸다고 하더랍니다.

한 집안의 며느리, 한 남자의 아내, 아이들의 엄마로만 자신을 생각하고 살았는데, 그런 것이 다 사라진다면 나는 누구지 하는 생각에 그만 우울해졌다는 것이죠. 엄마는 급기야 정신과에 가서 진단을 받고 우울증 약을 먹기에 이르렀답니다. 그러면서 답안에 '선생님, 책임지세요. 왜 이런 문제를 내서 멀쩡하던 우리 엄마를 우울증 환자로 만들었냐고요'라고 썼습니다. 저는 그 답안을 보면서 생각했습니다. 네 엄마는 정말 멀쩡했던 걸까.

우리는 집이나 일터에서 자신의 역할을 나라고 생각하거나 내가 성취한 지위, 학력, 재산 등 나의 소유물을 나라고 생각하는 경우가 많습니다. 그러나 그러한 역할과 소유물은 내가 아니라 나를 꾸미는 장식물일 뿐입니다. 그런 장식물을 다 놓아버렸을 때 남는 나의 모습이 진짜 내 모습입니다.

고대 그리스의 철학자 제논은 배가 난파돼 자신의 짐이 모두 바닷속으로 가라앉았다는 소식을 듣고 이렇게 말했다고 합니다. '가벼운 마음으로 철학에 전념하라는 운명의 계시다.' 그 시절에도 제논은 자신을 어떤 역할이나 소유물로 규정하지 않고, 그 모든 것이 사라진 후 내 모습이 진정한 나라는 것을 알았던 것 같습니다. 자연과 인간 세상의 근본 이치를 깊이 생각하고 밝혀내려 애쓰는 사람이 나라는 것을 명확히 알고 있었던 것이죠. 우리도 인생에서 한 번쯤 나의 모든 역할과 짐이 바닷속에 가라앉고 남는 나는 무엇인지 생각해볼 필요가 있습니다. 그렇게 발견한 나를 진짜 나로 규정한다면 더 나은 내가 되기 위해 무엇을 해야 할지 알게 될 것입니다.

알렉산더 대왕이 찾아와 소원이 없느냐고 물었을 때 햇볕을 가리고 있으니 옆으로 비켜달라고 말한 것으로 유명한 철학자 디오게네스는 위대한 정신의 소유자로 알려져 있습니다. 디오게네스는 사람들이 자신의 재산을 자신으로 생각하는 경향을 잘 알고 있었기에 빼앗길 만한 것을 아무것도 가지지 않으려고 했습니다. 잃을 것이 없는 사람은 세상에서 가장 강한 존재가 될 수 있습니다. 잃을 것이 없으므로 두려움도 없습니다. 잃을 것이 없다면 오직 자기 자신에게만 집중할 수 있습니다. 디오게네스는 자신에게 집중하며 살 수 있는 최적의 환경을 스스로 만들었습니다. 아무것도 소유하지 않고 사는 삶이었습니다.

　모든 것을 소유한 알렉산더 대왕보다 아무것도 소유하지 않은 디오게네스가 자신에게 더 충실한 사람이었습니다. 알렉산더 대왕이 디오게네스와 대화를 마치고 '만약 내가 다시 태어난다면 디오게네스가 되고 싶다'고 한 말도 이런 차원에서 이해할 수 있습니다. 스스로에게 충실한 사람, 그리하여 세상을 떠날 때, 자신의 몸이 돌아가 묻힐 자연에게 '당신이 처음 나에게 생명을 주었을 때보다 더 나은 정신을 바칩니다' 하고 이야기할 수 있는 사람이야말로 진짜 삶을 산 사람이라 할 수 있습니다.

　내가 몸으로 익힌 경험, 몸으로 할 수 있는 것이 나입니다. 내가 머릿속으로 이해한 세상, 온갖 경험으로 배운 이치가 나입니다. 그런 내가 멋스러운 분위기를 풍길 때 사람들은 나를 멋있는 사람으로 봅니다. 내가 가진 역할과 소유물은 장식품일 뿐 진짜 내가 아닙니다. 내가 진짜 나로 사는 일, 그것은 지금 내가 가진 모든 것이 바닷속으로 가라앉고도 온전히 드러나는 나의 모습을 가꾸는 일입니다.

새 세상은 새 시선

　중학생 때 미술 시간에 하얀 석고로 만든 원통과 삼각뿔을 연필로 스케치한 적이 있습니다. 어디서 그리느냐에 따라 친구들의 그림이 조금씩 달랐습니다. 새로운 도형을 보는 기분이 들었습니다. 도형은 그 모습 그대로 있을 뿐인데 보는 사람의 눈길과 손길에 따라 다른 모습으로 드러나 새로운 도형이 되었던 것이죠.
　19세기는 산업혁명의 시대였습니다. 산업혁명의 출발지로 알려진 영국 맨체스터 지역은 공장 지대였습니다. 수많은 공원들이 쏟아져 나왔습니다. 공장주의 눈으로 보면 이윤을 생산하는 자들의 무리였습니다. 누구 하나 이들을 자본을 창출하는 노동자 이상으로 보려고 하지 않았습니다. 그러나 마르크스는 달랐습니다. 이들의 고통을 새로운 시선으로 보았습니다. 고통이 생기게 된 근본적인 원인을 밝히고 대안을 제시하는 데 삶을 바쳤습니다. 새로운 시선은 새로운 세상의 출발점이 되었습니다.

시인 최영미는 〈자본론〉이란 시로 마르크스의 새로운 시선을 섬세하게 묘사했습니다. "맑시즘이 있기 전에 맑스가 있었고 / 맑스가 있기 전에 한 인간이 있었다 / 맨체스터의 방직공장에서 토요일 저녁 쏟아져나오는 / 피기도 전에 시드는 꽃들을, 집요하게, 연민하던," 마르크스는 자본주의 구조를 연구한 사람이라고 알고 있지만 실은 피기도 전에 시드는 꽃들의 고통을 집요하게 보던 사람이었던 것이지요. 마르크스의 시선은 돈이 아니라 그 돈을 생산해내는 주체, 인간에게 닿아 있었습니다. 그러기에 이후 사회주의의 태동과 소멸이라는 세계사의 거대한 변화를 가져올 수 있었습니다. 시선 하나의 차이가 새로운 세상을 만들었던 것입니다.

돌아가신 신영복 선생은 《감옥으로부터의 사색》이란 책에서 어느 날 경제학 용어를 떠올리다 깜짝 놀란 경험을 이야기합니다. 수요라는 말을 들으면 사람이 떠오르는 것이 아니라 수요곡선의 추상적 수치와 그래프가 떠오르더랍니다. 또 공급이라는 말에서는 사과를 생산하기 위해 애쓰는 농부의 땀방울이 아니라 경제학 논리와 공식이 떠오르더라는 겁니다. 선생은 깜짝 놀라 자신이 아는 지식이 모두 창백한 회색 지식인의 논리라는 것을 깨달았다고 합니다. 사람이 사라진 논리만의 세계에 있으면서 사람을 위한다는 명분을 내세운다면 이는 허구라는 것을 고백하지 않을 수 없었다고 합니다. 그 후 선생은 회색 지식인에서 피가 통하는 따뜻한 지식인이 되고자 애썼다고 합니다. 실업 하면 좌절한 채 하늘을 멍하니 바라보는 실업자의 눈동자를 떠올렸습니다. 그것이 신영복 선생의 인생을 전환시킨 힘이 되었습니다. 새로운 세상이 열린 것은 새로운 시선 하나였습니다. 신영복 선생의 시선과 마르크스의 시선은 닮았습니다. 그것은 사람이 중심이며 최종 목적이라는 것입니다.

저도 그런 시선을 가지려고 노력했습니다. 시간강사부터 교수 재직 때까지 나름대로는 학생을 중심이자 최종 목적으로 두고자 했습니다. 그러자 기존의 커리큘럼을 전혀 다르게 구성할 수밖에 없었습니다. 예를 들면 장애인복지론에서는 장애인을 어떻게 생각하고 대하면 좋을지를 전해야 한다는 생각이 자연스럽게 모아졌습니다. 정해진 교재로만 가르칠 수 없었습니다. 장애인 대학생들을 불러 장애인으로서 사는 경험을 들려주었고, 장애인 자녀를 둔 어머니들을 초대해 장애인 부모로 사는 것에 대해 들려주었습니다. 중간고사 대신 일정 기간 동안 직접 장애 체험을 해봄으로써 불편과 차별의식을 경험하도록 했습니다. 교재는 중증장애인 공동작업장을 만든 힘겨운 과정을 감동적으로 그린 〈도토리의 집〉이란 일본 만화였습니다. 기말고사는 서해 작은 섬 장봉도의 장애인 그룹홈을 방문하여, 장애인들에게 조별로 춤과 장기를 직접 가르쳐주는 것으로 평가했습니다. 고맙게도 그때 제게 배웠던 학생들이 자신의 시각을 바꾸는 큰 계기가 되었다고 이야기하고는 합니다. 장애인에 대한 차별적 시각을 바꾸는 데 한 학기를 할애하는 것이 저의 장애인복지론 강의였습니다.

가족복지론은 어떤 배우자감을 원하는지 어머니를 인터뷰하고 보고서를 내라는 것으로 한 학기 강의를 시작했습니다. 중간고사와 기말고사를 없애고 13번의 리포트로 평가를 대신했습니다. 마지막 리포트는 재혼 후 갈등이 생길 때 어떻게 할 것인가가 주제였습니다. 가족복지론 수업을 듣고 난 후 절반 이상의 학생이 결혼하고 싶지 않다는 생각을 하게 되었습니다. 실제 주인공이 되어 결혼에 관련한 어려움을 가상으로 하나씩 경험해보니, 막연히 생각했던 결혼, 출산, 육아가 얼마나 힘든지 미리 이해되었겠죠. 그것이 가족복지론을 가르치는 사람이 가져야 할 시선이라고 저는 생각했습니다.

부부 상담이 직업이라 갈등을 반복하는 부부들을 많이 봅니다. 그들에게는 공통점 하나가 있습니다. 배우자나 자녀가 왜 나를 이렇게 몰라주나 하며 원망하는 시선을 가지고 있다는 것입니다. 서로가 자신을 알아달라고 하니 갈등이 해결될 리가 없습니다. 이에 비해 화목하고 건강한 부부를 보면 전혀 다른 시선을 가지고 있습니다. 나 하나 믿고 결혼한 사람인데 어떻게 하면 저 사람이 더 웃게 할 수 있을까를 생각합니다. 한 사람이 이런 시선을 가지면 상대도 점점 이기적인 마음이 줄고 비슷한 시선을 가지게 됩니다. 부부로 살면서 경험하는 어려움은 비슷한데, 보는 시선 하나만 달라져도 전혀 다른 부부생활이 됩니다.

사람과 세상 때문에 지금 고통스럽다면 내가 고집스레 붙잡고 있는 시선은 없는지 살펴볼 필요가 있습니다. 어떻게 나에게 당신이 이럴 수 있느냐는 말과 어떻게 나에게 이런 일이 생길 수 있느냐는 말은 아직 새로운 시선에 눈뜨지 못했다는 증거일 수 있습니다. 작가 박완서 선생은 애지중지하던 대학생 아들을 교통사고로 잃는 참혹한 일을 당하셨다고 합니다. 종교에도 회의가 생기고 하루하루 하늘을 원망하던 선생은 몇 년 후 작은 수녀회의 피정에 참여한 중에 문득 이런 생각이 들었답니다. '나에게만 이런 불행이 피해 가라는 법이 어디 있단 말인가.' 그 생각이 들자 마음이 편안해지고 평화로워졌다고 합니다. 아들이 불의의 사고로 유명을 달리한 것은 변함없는 사실이지만 새로운 시선 하나로 마음속에 다른 세상이 펼쳐졌던 것입니다. 시선을 달리하면 새로운 세상이 열리는 계기가 될 수 있습니다. 그렇게 보면 새 세상은 새로운 시선의 다른 이름이기도 할 것 같습니다.

반응하는 사람과 대응하는 사람

　대학교에 입학하고 처음 읽은 책이 헤밍웨이의 《킬리만자로의 눈》이었습니다. 첫 문장이 인상적이었습니다. "아프리카 최고봉 킬리만자로, 해발고도 5895미터. 마사이족은 이 봉우리를 응가예 응가이라 부른다. 신이 깃들어 산다는 말이다. 그 눈 덮인 정상 부근에 말라 얼어붙은 표범의 사체가 있다. 이 표범이 무엇을 찾아 이 높은 곳까지 왔는지 아무도 이유를 알지 못한다."

　이 소설의 뒷부분은 기억나지 않지만 첫 문장은 30년이 지난 지금도 또렷이 떠오르는 걸 보면 강렬한 인상을 받았던 것 같습니다. 그 후 조용필의 〈킬리만자로의 표범〉이라는 노래가 나왔는데, 여기서도 이 표범에 대한 이야기가 나왔습니다. "먹이를 찾아 산기슭을 어슬렁거리는 하이에나를 본 일이 있는가. 짐승의 썩은 고기만을 찾아다니는 산기슭의 하이에나. 나는 하이에나가 아니라 표범이고 싶다. 산정

높이 올라가 굶어서 얼어 죽는 눈 덮인 킬리만자로의 그 표범이고 싶다." 헤밍웨이의 소설에 대한 보다 구체적인 묘사가 노래 가사로 탄생한 것 같습니다.

여기서 하이에나는 일상을, 표범은 이상을 상징하는 것으로 느꼈습니다. 하이에나건 표범이건 먹이를 찾아 어슬렁거리는 것이 일상입니다. 그러나 먹이의 이유가 아니라 알 수 없는 다른 이유로 눈 덮인 산 정상에 오르는 것은 이상입니다. 여기서 헤밍웨이가 쓴 것은 사실을 다룬 다큐멘터리가 아닙니다. 작가적 상상력으로 창조해낸 표범이라 보아야 합니다. 눈 덮인 정상의 말라붙은 표범이 인상적인 까닭은 동물이 일상을 벗어나는 일은 좀체 일어나지 않기 때문이죠.

〈동물의 왕국〉이라는 프로그램을 어린 시절부터 보았습니다. 사실 어렸을 때는 재미가 없었습니다. 그런데 나이가 들어 보는 〈동물의 왕국〉은 볼수록 재미가 있었습니다. 저만 그런 게 아니었습니다. 어르신들은 〈동물의 왕국〉을 아주 좋아들 하셨습니다. 이유는 간단했습니다. 동물이 하는 짓이 사람과 똑같다는 것이었습니다. 저도 동물의 한 종류로 일상을 산다는 것이 주는 편안함을 느꼈습니다. 그런데 '사람의 왕국'을 동물들이 볼 수 있고 판단할 수 있다면 어떨까요. 일상을 너무 자주 심하게 벗어나는 인간을 보며 도무지 이해가 안 된다고 고개를 가로젓지 않을까요.

동물과 사람이 같은 점이 있다면 두 존재 모두 일상을 산다는 것입니다. 다른 점이 있다면 동물은 일상만 사는데, 사람은 일상과 이상을 번갈아 산다는 것입니다. 여기서 일상은 다르게 말하면 통상적 반응이라 할 수 있습니다. 같은 자극에 대해 같은 반응을 하는 것이지요. 이상은 비통상적 반응으로 같은 자극에 대해 다른 반응을 하는 것입니다. 예상을 뛰어넘는 예측 불가능한 반응이죠. 그래서 일상을 반응이라 할 수 있고, 이상을 대응이라 할 수 있습니다.

동물은 자극에 반응하는 데 비해 사람은 반응도 하고 대응도 합니다. 사람이 자극에 대하여 반응이 아닌 대응을 잘하면 고등한 문화를 만드는 귀한 존재가 됩니다. 성욕이라는 자극에 대응하여 예술로 승화시켜 표현한다면 예술이 됩니다. 그런데 보다 나은 선택이라는 면에서 대응을 지나치게 강조하다 보면 자칫 반응을 과소평가할 수도 있습니다.

백년전쟁 중에 영국에 포위당해 결국 항복한 프랑스의 칼레라는 도시가 있습니다. 영국 국왕은 항복의 조건으로 칼레 시민 6명의 교수형을 요구했습니다. 6명이 죽으면 칼레 시민 누구도 해치지 않겠다는 것입니다. 시민들이 이 소식을 듣고 광장에 모였습니다. 누가 자기 생명을 내놓고 시민들의 목숨을 구하려 하겠습니까. 그때 칼레 시의 가장 큰 부자가 내가 6명 가운데 한 사람이 되겠다고 자원했습니다. 이어서 시장, 법률가, 상인 등 지도자급 사람들이 교수형을 자원했습니다. 이 일은 훗날 상류층이 지녀야 할 도덕적 의무를 가리키는 노블레스 오블리주의 상징적인 예가 되었습니다.

우리 가운데 누가 그 광장에서 시민의 목숨을 구하기 위해 죽겠다고 말할 수 있겠습니까. 그것은 살고자 하는 본능적 반응을 뛰어넘는 결단, 즉 놀라운 희생적 대응이 있을 때 가능합니다. 이는 동물에게 기대하기 어려운 인간에게만 존재하는 위대한 선택입니다. 이후 칼레 시의 6명 이야기는 조각가 로댕에게 큰 감명을 주었고 〈칼레의 시민〉이라는 조각상으로 탄생했습니다. 저는 이 이야기를 듣고 그때 나서지 못한 칼레 시민들에게 관심이 생겼습니다. 인간으로서 칼레 시민들의 반응은 정상이었습니다. 목숨을 내놓지 못했다고 욕할 수는 없습니다.

영웅을 찬양하다 보면 자칫 평범하고 정상적인 행위나 사람을 비겁하고 못난 존재로 전락시킬 수 있습니다. 그러나 영웅은 특별한 예외이고, 평범한 것이 일상이고 정상이라 보는 관점도 유지해야 합니다. 우리는 늘 영웅처럼 살 수 없습니다. 보통 때는 일상을 삽니다. 생명체로서 예상되는 반응을 하고 삽니다. 그러다 특별한 경우에 특별한 용기를 낼 수도 있고, 그러지 못할 수도 있습니다. 특별한 용기를 찬양할지언정 그렇지 못한 것을 비난해서는 안 됩니다.

어슬렁거리는 하이에나는 정상입니다. 킬리만자로 봉우리에 오른 표범은 극히 예외적인 사건입니다. 표범의 정상 초월을 높이 사되, 하이에나의 정상을 폄하해서도 안 되는 것이 우리의 건강한 판단력입니다. 반응하는 자신을 너그럽게 받아들이되, 신중한 생각 끝에 대응하는 자신을 자랑스러워하는 것이 반응하는 존재이자 대응하는 존재, 즉 인간인 자신을 사랑하는 길입니다.

선택의 이유

　로마시대에 평민이 공주와 사랑에 빠졌습니다. 둘은 열렬히 사랑했습니다. 꼬리가 길면 밟힌다고 그들의 금지된 사랑이 왕의 귀에 들어갔습니다. 격노한 왕은 남자를 잡아 옥에 가두고 공주를 떼어내려 묘안을 냈습니다. 원형 경기장에 똑같이 생긴 두 개의 방을 만들어 한쪽에는 그 나라 제일의 미녀를, 다른 한쪽에는 굶주린 사자를 넣도록 했습니다. 사람들이 지켜보는 가운데 남자는 경기장으로 끌려 나왔습니다. 공주는 그 전날에 몰래 어느 방에 여자가 있고 사자가 있는지를 알아냈습니다. 끌려 나온 남자는 선택을 해야 했습니다. 그는 마지막으로 공주를 바라보았습니다. 공주는 남자를 보며 가만히 의자에 얹은 손가락으로 한쪽을 가리켰습니다. 그것을 눈치챈 남자는 망설임 없이 공주가 가리킨 방을 선택했습니다. 이야기는 여기서 끝납니다. 그리고 질문이 주어집니다. 공주가 가리킨 방에서 미인이 나올까요? 사자가 나올까요?

만약 사자가 나온다면? 질문은 이어집니다. 왜 공주는 사자가 있는 방을 선택했을까요? 사랑하는 사람을 다른 여자에게 보내야 한다면 차라리 사자 밥이 되도록 하겠다였을까요? 질문은 다시 이어집니다. 그렇다면 공주는 남자를 진정으로 사랑한 것일까요? 공주의 사랑은 실은 사랑이 아니라 남자를 독차지하려는 욕심이 아니었을까요? 마지막 질문이 이어집니다. 진정한 사랑이란 무엇일까요?

우리의 삶은 갈등과 선택의 연속입니다. 짜장면을 먹을까 짬뽕을 먹을까부터 이 사람과 결혼할까 말까로 이어져 아이를 낳을까 말까, 부모님을 모실까 말까에 이르기까지 크고 작은 갈등과 선택의 합이 우리 인생입니다. 갈등은 누구에게나 오기 마련이며, 어떤 갈등을 겪고 있느냐로 그 사람의 깊이나 지혜를 가늠하기는 어렵습니다. 그러나 갈등 끝에 내리는 선택은 사람마다 다를 수밖에 없고, 이유도 다를 수 있습니다. 사람의 품격과 인격, 나아가 지혜의 정도를 판가름할 수 있는 것은 1차적으로 어떤 선택을 했느냐이며, 2차적으로 그러한 선택을 한 이유가 무엇인가입니다.

유대인들의 이야기 중에 랍비와 아들의 일화가 있습니다. 아들이 친구들을 데리고 집에 왔는데 아들 손에 사탕 한 봉지가 들려 있었습니다. 친구들이 사탕을 먹고 싶어 달라고 하자, 랍비 아버지가 친구들에게 사탕을 주는 게 어떻겠냐고 했습니다. 그러자 아이가 말했습니다. "싫어, 내 거야." 그러자 랍비가 아들에게 조용히 말했습니다. "그래, 그러니까 줄 수 있지 않니?" 아들은 잠시 생각하더니 웃으면서 사탕을 친구들에게 나누어 주었습니다.

여기서 사탕을 줄까 말까는 갈등 상황입니다. 이것으로 아들의 격을 판가름할 수는 없습니다. 사탕을 주지 않았다는 것만으로 이기적인 사람으로 평가할 수는 없습니다. 반대로 사탕을 나눈 경우도 마찬가지고요. 중요한 것은 선택의 이유입니다. 친구들이 가난해서 동정하는 마음으로 나누어 주었다면 높은 인격이라고 말하기 어렵습니다. 그러나 랍비 아버지의 지혜로운 조언에 힘입어 가진 사람이 없는 사람과 기꺼이 나누어야 한다는 마음으로 주었다면 고귀한 인격의 아이가 됩니다. 같은 행위라도 이유에 따라 격이 달라집니다.

얼마 전 상담 시간에 아내가 암 선고를 받고 5년째 간병하고 있는 남편을 만났습니다. 엄마가 암 선고를 받던 당시 세 딸 중 큰딸은 대학입시를 앞둔 고3이었습니다. 아빠는 세 딸을 불렀습니다. "엄마가 암 선고를 받았다. 지금 너희가 할 수 있는 건 아무것도 없다. 할 수 있는 사람은 아빠다. 엄마가 낫도록 할 수 있는 건 다 할 거다. 그러니 너희는 아빠를 믿고 엄마를 믿어라. 그게 너희가 지금 할 일의 전부다. 아무것도 다르게 하지 말고, 지금 하던 그대로 하며 살아라"라고 이야기했습니다. 딸들은 아빠의 말을 믿고 해왔던 대로 공부를 계속해 대학에 진학했고 엄마와 아빠를 기쁘게 했습니다. 자칫 혼동에 빠져 우왕좌왕할 수 있고 그릇된 길로 갈 수 있었던 세 딸의 마음을 안정시키고 흔들림 없이 자신의 자리에서 할 일을 하게 한 것이 아빠의 선택과 그 이유였습니다. 이후 남편 분은 그 누구보다 최선을 다해 아이들을 돌보고 아내의 병간호를 하며 살았습니다. 지금은 대체의료로 6개월째 녹즙을 마시는 요법을 하고 있다고 했습니다. 여러 방법 가운데 왜 녹즙을 선택했냐고 물었더니 대답이 의외였습니다.

"암은 결과가 말해줍니다. 암이 더 전이되지 않고 줄면 녹즙 덕분이라고 합니다. 반대로 암이 전이되고 늘면 녹즙 때문이라고 합니다. 녹즙은 아무런 잘못이 없습니다. 결과에 따라 약초가 되기도 하고 독초가 되기도 합니다. 암환자는 무엇이 자기를 낫게 할 것인지 알 수 없습니다. 그럴 때는 최선을 다해 선택을 하고, 선택했으면 이것이 나를 낫게 한다고 믿고 실천할 수밖에 없습니다. 저는 그 마음으로 지금까지 5년간 항암치료를 돕고 수술을 선택하고 대체의료를 하면서 아내와 함께 보내왔습니다. 앞으로도 그렇게 할 것입니다. 결과가 말해줍니다. 이렇게 해서 아내가 나으면 제가 간병을 잘 한 덕이라고 할 겁니다. 그런데 그렇지 못하면 제가 간병을 잘 못해서라고 할 겁니다. 저는 지금 최선을 다해 간병할 수밖에 없습니다."

가슴이 뭉클했습니다. 탁월한 선택보다 더 놀라운 것은 선택의 이유가 하나같이 명쾌하고 지혜로웠기 때문입니다. "이렇게 살다 보니 가끔 농담으로 아내에게 그럽니다. 당신보다 내가 먼저 갈 수 있어" 남편 분의 마지막 우스갯소리를 들으며 다시 한 번 깨달았습니다. 가장 낮은 지혜는 선택을 제대로 하지 못하는 것이며, 중간 지혜는 선택을 제대로 하는 것이고, 최상의 지혜는 선택의 이유가 훌륭하다는 것을. 갈등을 두려워할 것이 아니라 갈등에서 어떤 선택을 왜 할 것인가를 고민하는 삶을 살아야겠습니다. 거기서 우리의 격이 결정됩니다.

세월이 주는 기품

프랑스 엄마들은 자녀에게 얼굴은 네 것이지만 표정은 네 것이 아니라는 이야기를 한다고 합니다. 표정에는 살아온 세월의 굴곡이 그대로 드러납니다. 젊어서 아름다웠던 사람이 나이 들어 변하기도 하고, 예전에 눈에 띄지 않던 사람이 우아한 모습으로 주목받기도 합니다. 희끗한 머리에 주름이 가득한 얼굴이지만 범접하지 못할 기품이 담긴 사람을 볼 때가 있습니다. 명배우로 이름을 날리다가 아프리카 오지에서 봉사한 오드리 헵번의 노년은 기품 있는 얼굴이 무엇인지 보여줍니다. 저는 슈바이처 박사의 노년 모습이 담긴 사진을 보고 닮고 싶다는 충동을 느꼈습니다. 궁금했습니다. 어떻게 하면 이런 모습을 지닐 수 있을까?

제가 관찰해본 바에 의하면 기품 있는 얼굴이 되기 위해서는 적어도 세 가지 시선을 거쳐야 합니다. 첫 번째는 감시를 거쳐야 합니다.

부모의 감시, 세상 가치의 감시, 다른 사람의 감시가 그것입니다. 이를 한마디로 요약하면 타인의 기준으로 자신의 삶을 살아야 한다는 것입니다. 인간은 미약하고 부족한 존재라서 처음부터 자신만의 온전한 가치와 기준을 정립할 수 없습니다. 가깝게는 부모로부터 친구, 선생님의 순으로 세상의 가치를 배우고 익힙니다. 그리고 그러한 가치에 부합하는 삶을 살아갑니다. 그런데 세상에 부합하는 삶만을 산다고 기품이 생기지는 않습니다. 아직은 세상에 맞추는 표정, 즉 잘 만든 기성복 같은 표정이 나옵니다.

  기품을 갖추기 위해서는 다음 시선인 주시의 단계로 건너가야 합니다. 감시가 밖에서 나를 보는 시선이라면, 주시란 내가 밖을 보는 시선입니다. 마음을 집중하여 세상의 가치와 기준이 과연 적절하고 바른가에 대해 주의 깊게 살펴보는 것입니다. 이것이 주시입니다. 감시 앞에서는 수동적이고 수용적이었지만, 주시에 이르러 나는 능동적이고 주체적인 존재로 변화합니다. 주시는 혼동과 혼란 속에서 자신의 시선을 정립해나가는 시기에 꼭 필요합니다. 주시의 과정을 거치면서 표정이 깊어지게 됩니다. 세상 앞에서 비판적 성찰을 하기 때문입니다. 그런데 너무 주시에 몰입하면 깊이는 있되 양미간에 내 천(川) 자를 그리는 저항적이고 냉소적인 표정이 됩니다. 그 얼굴을 보고 있으면 피하고 싶어집니다. 왠지 감시의 세계에 사는 나를 나무라는 표정 같습니다. 하는 말은 옳은데 표정이 무섭습니다.

  세 번째 시선은 응시입니다. 세상의 눈으로 나를 보는 것이 감시이고, 나의 눈으로 세상을 보는 것이 주시라면, 고요하게 나의 눈으로 나를 보는 시선이 응시입니다. 나는 누구인가, 나는 왜 세상에 왔을까, 내가 가장 잘할 수 있고 즐거워하면서 세상에 도움을 줄 수 있는 것이 무엇인가, 이렇게 가만히 보는 시선이 응시입니다. 주시가 깊되 차갑다면 응시는 깊고 따뜻합니다. 그리고 고요하고 맑습니다. 세상의 가치와 나의 가치라는 체를 거쳐 올라온 깊은 성찰의 힘이 응시에 담겨 있기 때문입니다. 자기의 분야에서 일가를 이룬 장인의 눈빛과 표정에는 거의 예외 없이 응시가 담겨 있습니다. 한없이 부드럽고 더없이 빛나는 눈빛입니다. 응시하는 사람은 허투루 살지 않습니다. 자신의 소명을 깨달은 사람입니다. 최선을 다해 하루하루를 삽니다. 헵번의 눈도, 슈바이처의 눈도 응시하는 눈으로 보였습니다. 스스로를 보고 있는 눈이었습니다.

너새니얼 호손의 《큰 바위 얼굴》에서는 주인공이 평생 성실하고 정직한 마음으로 살아갑니다. 그리고 마침내 전설로 전해져오던 큰 바위 얼굴이 됩니다. 이 단편소설은 감시에서 주시, 다시 응시로 이어지는 기품 있는 얼굴의 변천사를 아름답게 그렸습니다. 기품은 하루아침에 만들어지지 않습니다. 사법, 행정, 외무고시를 다 합격하면 삼시 합격생이라고 합니다만 우리 인생은 감시, 주시, 응시를 모두 합격해야 기품 있는 얼굴이 주어집니다. 나이 들어 그런 표정이면 좋겠습니다.

안 때리는 나라의 공통점

서점에 가면 유난히 제목이 시선을 끄는 책이 있습니다. '내 아이도 내 맘대로 못 때려?'라는 제목의 책도 그랬습니다. 자녀를 학대하는 부모와 배우자를 때리는 부부를 상담하는 일을 하는 저로서는 이 책이 유독 눈에 띄었습니다. 정작 책의 내용은 자식을 학대하는 부모들의 이야기를 모아 경각심을 전하는 것이었습니다.

자녀를 함부로 대하는 이유가 소유의식 때문이라면, 자녀를 귀하게 대하는 이유는 존중의식이 될 것입니다. 부부폭력도 마찬가지입니다. 때리는 이유가 있다면 그 반대편에 때리면 안 되는 이유 또한 존재할 것입니다.

대학원에서 가정폭력을 공부할 때 유난히 시선을 끄는 주제가 있었습니다. '안 때리는 나라의 공통점'이란 제목의 연구였습니다. 가정폭력을 연구하는 미국 교수가 자녀, 배우자, 부모를 절대 때리지 않는 나라를 찾아보았습니다. 가정폭력 제로인 나라를 찾아본 것이죠. 몇 년 후 17개국을 찾았습니다. 정확히는 국가이기도 했고 부족이기도 했습니다. 연구 결과, 그런 사회의 세 가지 공통점을 발견했다고 합니다.

첫째, 청소부든 대통령이든 서로 간에 차별이 없었습니다. 각자 하는 역할이 다를 뿐 더 귀하지도 덜하지도 않게 여깁니다. 똑같은 사람이고 똑같이 존중받습니다. 누가 누구를 함부로 대하지 않습니다. 사람들은 역할만 다를 뿐 같은 권리를 가진 동등한 존재로 대접받습니다.

둘째, 이혼에 대해 부정적인 시각이 없었습니다. 이혼은 살다가 서로 맞지 않으면 언제든 할 수 있는 것이라 보고, 좋으면 결혼하고 싫으면 이혼하는 것을 당연하게 받아들입니다. 언제든 이혼할 수 있고, 그에 따른 불이익이 없다는 사실이 서로 이혼할 이유를 만들지 않으려는 마음을 가지게 합니다. 그럼에도 불구하고 때릴 만큼 화가 난다면 이혼을 선택하면 되는 것입니다.

셋째, 남자와 여자가 따로 하는 일이 없었습니다. 여건에 따라 일을 나누어 할 뿐입니다. 아침잠이 적은 사람이 아침밥을 합니다. 덜 피곤한 사람이 그날 빨래를 합니다. 출산을 빼면 여자와 남자는 하는 일에 차이가 없습니다. 그 결과, 남자와 여자가 평등한 존재로 살아갑니다.

이런 세 가지 공통점을 통해, 반대로 가정폭력이 잦은 사회의 공통점을 어렵지 않게 추정해볼 수 있습니다. 지위에 따라 사람을 차별하는 사회, 이혼을 금기시하는 사회, 남녀 구별이 심한 사회. 어딘가 익숙하지 않은가요? 우리 사회가 이 세 가지 특징을 모두 가지고 있지 않을까요? 결국 가정폭력은 이 세 가지 조건이 근본적으로 변하지 않는 한 사라지기 힘들 것입니다. 이 연구의 결론은 다음 한 문장입니다. '개인이 행복한 나라는 다른 사람을 때리지 않는다.'

안 때리는 사회의 공통점을 보면 우리가 어떻게 자녀를 키워야 하는지에 대해서도 답을 얻게 됩니다. '누구도 차별하지 말고 귀하게 여겨라. 언제든 이혼할 수 있으니 배우자를 존중하며 살아야 한다. 집안일에는 여자 남자가 따로 없다. 형편 되고 여건 되는 사람이 하는 것이다.' 결국 부모가 때리지 않는 사회에 속할 수 있어야, 자녀가 근본적으로 학대에서 벗어날 수 있습니다. 그런 자녀 또한 때리지 않는 사회를 만드는 구성원이 되겠죠.

아동학대예방센터와 아동보호전문기관

 "네 이름이 무엇인고?" 어릴 적 동네 어르신들은 이렇게 묻고는 했습니다. 대답을 드리면 본이 어디냐, 아버지는 뭐하시는 분이냐 순으로 이어졌습니다. 이름으로 시작해 여러 가지를 묻고 들으셨습니다. 그래서 이름은 내가 소개되는 첫말이라고 느꼈습니다.
 어른이 되어 아내를 만났을 때 아내는 아동복지 관련 기관에서 일하고 있었습니다. 아내가 일하던 기관 이름이 아동학대예방센터였습니다. 만나러 갈 때마다 어쩐지 학대라는 말이 마음에 걸렸습니다. 이름으로 쓰기에 기피하는 단어인데, 하필 중간에 넣어서 기관 이름을 짓다니, 이유가 궁금했습니다. 몇 해 지나고 '아동학대예방센터'가 '아동보호전문기관'으로 바뀌었습니다. 그러고서야 보는 눈이 편해지고 부를 때도 어감이 좋았습니다. '학대'에서 '보호'로 바꾸니 전혀 다른 기관이 된 것처럼 느껴졌습니다.

학대를 기관 이름에 넣었던 이유는 기관이 해결하고자 한 문제가 학대였기 때문입니다. 이는 상담소가 해결하고자 하는 문제가 폭력이어서 가정폭력상담소라 이름 지은 것과 같습니다. 문제를 전면에 내세우면 이곳이 무엇을 하는 곳인지 바로 알 수 있습니다. 기관의 정체성이 선명하게 드러나는 것이지요. 그래서 아동학대, 가정폭력 같은 말을 기관 이름에 그대로 썼습니다. 그런데 이는 어디까지나 공급자인 기관의 관점에서 지은 것이지 주대상자인 아동학대 부모, 가정폭력 가해자의 시각에서 지은 것이 아닙니다.

도둑은 자기를 보고 도둑이라고 하면 싫어합니다. 친한 친구 사이에서도 '야, 자꾸 인마, 인마 하지 마. 듣는 인마 기분 나빠'라고 하지 않습니까. 전국 가정폭력상담소에서 상담하면서, 상담 받으러 온 분들에게 가장 많이 들었던 이야기가 있습니다. 상담시간 전에 도착하면 상담소 건물 아래에 서 있기가 민망해 뚝 떨어진 곳에서 담배를 한 대 피우고 들어온다는 것입니다. 간판에 가정폭력상담소라고 굵게 적힌 건물 아래서 담배를 피우고 있으면 지나가는 사람들이 힐끗힐끗 쳐다본다는 것입니다. 제발 이름 좀 좋게 바꾸라는 게 이분들의 오랜 호소였습니다.

학대에서 보호로 바꾼 이유는 기관이 궁극적으로 해결하고자 하는 목적이 '보호'이기 때문입니다. 제거할 문제가 아닌 지향할 목적을 내세우니 이름이 긍정적으로 바뀌었습니다. 이곳이 무엇을 목적으로 삼은 곳인지 알 수 있게 되었고, 오는 대상자 입장에서도 편안해졌습니다.

 지금은 조금씩 바뀌고 있지만 가정폭력상담소라는 이름을 일찍부터 바꾼 기관이 있습니다. 제주도에 있는 가족사랑상담소가 그곳입니다. 다른 곳이 모두 가정폭력상담소이던 시절, 제주도에 강의를 하러 갔더니 똑같이 가정폭력 문제 서비스를 제공하는 상담소 이름이 '가족사랑상담소'였습니다. 신선하고 용기 있는 이름이다 싶었습니다. 정부의 지원을 받는 입장에서 정부가 지정한 이름을 버리고 새로운 이름을 짓기는 어렵습니다. 여간 큰마음을 내지 않으면 안 되는 일이죠. '폭력'이 '사랑'으로 바뀌었을 뿐인데, 이 상담소 건물 아래 서 있는 분들의 표정은 편해 보였습니다. 가족을 더 사랑하기 위한 방법을 알기 위해 이곳에 왔다는 표정이었습니다.

 학대와 폭력이라는 단어에는 대상자를 꾸짖고 나무라는 의미가 들어 있습니다. 평가하고 판단하는 판사 입장으로 너는 학대자, 너는 폭력범이다, 그러니 똑바로 반성해라, 이제 더 이상 학대하지 말고, 폭력 쓰지 말라고 내리누르는 압력과 힘이 들어 있습니다. 그러니 듣는 사람 기분이 좋을 수는 없습니다. 사정도 들어보지 않고 꾸짖는 선생님께 야단맞는 기분이랄까요. 그래서 반발심이 생기고 저항감이 생깁니다. 기관 입장에서도 상담서비스를 제공할 때 초반부터 강한 저항에 부딪칩니다. 기분이 나쁜데 좋은 이야기가 나오겠습니까. 수요자도 공급자도 이름 하나 때문에 모두 손해를 봅니다.

 이에 비해 보호와 사랑이라는 글자에는 대상자를 위하고 보듬는 의미가 담겨 있습니다. 같은 눈높이에서 아이를 보호하려면 어떻게 하면 좋을지, 가정에서 사랑을 꽃피우려면 어떻게 하면 좋을지 우리 서로 머리를 맞대고 고민해보자며 말을 건네는 온기가 느껴집니다. 그러니 듣는 사람 기분이 좋아집니다. 잘못을 하더라도 사정을 들어주고 이해해주려는 선생님에게 느끼는 고마운 마음이 든다고 할까요. 그래서 호의가 생깁니다. 기관의 입장에서도 상담서비스를 제공할 때 저항에 부딪치지 않습니다. 수요자도 공급자도 이름 하나 덕분에 모두 이득을 봅니다.

살을 빼더라도 '군살빼기 특급작전'이 아니라 '날씬한 몸만들기'가 낫습니다. 앞은 문제 중심이어서 그래도 아직은 내 신체의 일부인 군살들이 기분 나쁠 이름인데, 뒤는 목적 중심이어서 군살마저 흔쾌히 동의할 기분 좋은 이름처럼 보입니다. 이름 하나 바꾸면 이름을 듣는 마음이 바뀌고, 마음이 바뀌면 모든 게 바뀔 수 있습니다. 문제에서 목적으로 시선을 돌려보는 것입니다.

나에게도 좋은 사람이 나인가

남에게 잘해주는 게 직업인 사람들이 있습니다. 흔히 휴먼서비스업이라고 합니다. 사회복지사, 요양보호사, 간병인이 대표적인 휴먼서비스 종사자입니다.

휴먼서비스업에 종사하게 되는 계기는 크게 두 가지로 볼 수 있습니다. 하나는 생계를 위해 택하는 경우이고, 다른 하나는 남에게 봉사하며 사는 것을 소망하는 경우입니다. 계기는 달라도 휴먼서비스업에 종사하게 되면 비슷한 마음의 길을 가게 됩니다. 서비스를 받는 대상자의 처지가 나아지거나 마음이 편안해진다면 보람을 느낍니다. 고맙다는 이야기를 들으면 살맛이 납니다. 이와 반대로 대상자의 상황이 나빠지거나 고통스러워한다면 마음이 아픕니다. 오해를 받거나 욕을 먹으면 죽을 맛입니다.

흥미로운 현상은 휴먼서비스 종사자들의 표정이 일한 기간과 반비

례한다는 것입니다. 일을 처음 시작하는 시기에 가장 표정이 밝고 환합니다. 시간이 지날수록 웃음기가 사라지기 시작하고 기계적인 웃음만 남게 됩니다. 건강도 점점 나빠져서 몸 곳곳에 크고 작은 병이 생깁니다. 시간이 지날수록 얼굴이 온화해지고 더 환해지는 사람은 매우 적습니다. 그렇다면 왜 이런 일이 일어날까요.

미국 와튼스쿨의 애덤 그랜트 교수는 자신의 저서 《기브앤테이크》에서 세 가지 유형의 사람을 말합니다. 받은 것보다 더 많이 주기를 좋아하는 '기버(giver)', 준 것보다 더 많이 받기를 바라는 '테이커(taker)', 받은 만큼 되돌려주는 '매처(matcher)'가 그것입니다. 그랜트 교수는 기버를 다시 실패하는 기버와 성공하는 기버로 나누었습니다. 실패하는 기버는 한없이 베풀기만 하다 녹초가 되는 사람입니다. 성공하는 기버는 다른 사람의 이익뿐 아니라 자신의 이익도 챙기는 사람입니다. 자신의 이익을 관리하느냐 못 하느냐에 따라 돌아오는 결과도 달라지는 것이죠.

빌 게이츠도 인간의 본성에는 두 가지 큰 힘이 있는데, 하나는 자기 이익이고 다른 하나는 타인에 대한 배려라고 보았습니다. 엄청난 액수를 기부하는 빌 게이츠도 자기 이익이 중요하다고 말하는 것이지요. 자기를 소중하게 여기고 동시에 그런 자기의 연장으로서 다른 사람을 소중하게 대하는 모습이 가장 건강한 기버인 동시에 성공하는 기버입니다.

지금까지 우리 사회에서는 헌신하는 사람을 높이 여겨왔습니다.

여자는 결혼하면 남편과 자식, 나아가 시댁 식구들을 위해 희생해야 한다고 생각했습니다. 그런 아내를 현모양처라 하여 바람직한 사람으로 칭송해왔습니다. 또한 한국전쟁 이후 고아와 빈민을 위해 헌신하는 사회사업가들을 이상적인 봉사자로 여겼습니다. 다른 사람을 위해 애쓰는 사람이 자신의 이익을 생각하면 곱지 않은 시선으로 보았습니다.

그러한 인식은 생명력이 강하고 길었습니다. 그래서 지금도 기버의 마음속에서 큰 부분을 차지합니다. 내가 좀 더 희생하더라도 다른 사람에게 도움을 주는 것이 마땅하다고 생각합니다. 여기서 주목할 것은 '내가 좀 더 희생하더라도'입니다. 적우침주(積羽沈舟)라는 말이 있습니다. 가벼운 깃털도 쌓이면 배를 가라앉힌다는 말입니다. 휴먼서비스 종사자, 즉 기버에게 쌓이는 깃털이 '내가 좀 더 희생하더라도'입니다.

저도 예비 휴먼서비스 종사자들을 교육하는 생활을 하다 보니 힘든 사람들에게 무료로 교육하거나 상담해주는 일이 많았습니다. 형편이 힘든 제자가 있으면 어떻게든 도우려고 제 돈을 쓰는 일이 많았습니다. 재원이 없는데 도움을 받고 싶다는 기관이 있으면 몇 시간을 운전해 가서라도 무료로 강의를 할 때가 많았습니다. 그런 세월이 이어지자 받는 사람이나 기관에서 점점 제가 주는 것을 당연히 여긴다는 느낌을 받았습니다. 또 그런 것이 소문이 나서 무료로 와달라고 청하는 기관이 늘었습니다.

처음에는 환한 얼굴에 보람이 가득했던 마음이 날이 갈수록 어두워지고 회의로 변했습니다. 내 몸과 마음을 돌보지 않고, 내 가족을 뒤로 한 채 남에게 잘하는 세월이 이어질수록 '내가 지금 무엇을 하고 있는 건가?' 하는 근본적인 질문을 던지게 되었습니다. 어느 날 "또 다른 가족 구하러 가요?"라는 아내의 말이 비수처럼 꽂혔습니다. 그날 이후 실패하는 기버에서 성공하는 기버로의 길을 가야겠다는 마음을 가지기 시작했습니다. 잠을 푹 자려고 했고, 무료였던 재능기부를 줄였습니다. 영화도 보러 갔고, 아내와 맛집을 찾아가기도 했습니다.

그렇게 스스로에게 잘해줄수록 더 좋은 서비스를 힘든 분들에게 제공할 수 있었습니다. 아내와 아들의 표정도 환해졌습니다. 제 삶이 건강해지니 다른 사람 삶을 더 건강하게 만들 수 있었습니다. 나에게 좋은 사람이 되다 보니 저절로 남에게도 좋은 사람이 되는 걸 느꼈습니다. 지금은 그런 저의 경험을 '소진예방'이라는 주제의 강의에 담아 휴먼서비스 기관에서 나누는 일을 몇 년째 하고 있습니다. 제가 저에게 잘할 때마다 떠올리는 이야기가 《걸리버 여행기》입니다. 걸리버는 대인국에 갔을 때 아주 작은 사람이 됩니다. 기버의 모습입니다. 소인국에 갔을 때는 아주 큰 사람이 됩니다. 테이커의 모습입니다. 그러나 현실로 돌아왔을 때는 다른 사람과 같은 크기의 사람입니다. 건강한 기버란 걸리버가 현실로 돌아왔을 때도 베풀 수 있는 모습일 것입니다.

이제 휴먼서비스 종사자들은 남에게 좋은 사람인 나는 나에게도 좋은 사람인가를 물어볼 때가 되었습니다. 당연히 '예스'라는 대답으로 나와야 합니다. 그것이 남에게도 좋은 사람이 되는 가장 좋은 방법입니다.

남보다 못한 형제

 형제는 절반은 나, 절반은 남이라고 합니다. 그런 형제가 남보다 못할 때가 있다고 느끼는 상당한 경우가 돈과 관련됩니다. 돈을 받는 쪽이든 주는 쪽이든 이런 이야기가 나올 수 있습니다. 사람 마음은 비슷해서 돈을 처음 받을 때는 고맙기가 이루 말할 수 없습니다. 그런데 받는 일이 반복되다 보면 당연한 것 같은 착각이 들기도 합니다. 자신은 상대 형제에게 아무런 기여도 해주지 않으면서 말이지요.

 그러면 주는 사람 입장에서도 마음이 달라지기 시작합니다. 이건 아니지 않는가, 자기가 나한테 돈을 맡겨놓은 것도 아니고 수시로 돈을 달라고 하다니, 이런 생각에 감정이 상합니다. 그런데 관행이라는 것이 형제간에도 작용합니다. 주던 쪽이 주지 않으면 받던 쪽은 서운함을 넘어 화까지 내기도 합니다.

 대개 돈을 주는 사람은 동생보다는 형이나 누나, 언니 그리고 마음이 순하고 가족을 자신보다 소중히 여기는 사람인 경우가 많습니다. 자기도 넉넉하지 못한데 그렇다고 못 본 체하기 어려워 한두 번 돈을 주게 됩니다. 사업자금이나 학비, 생활비 혹은 용돈 명목으로 빌려 가는 형태로 돈을 가져가지만 대개 돌려주지 않습니다.

사는 데 그리 부족함이 없는데 늘 동생들 걱정으로 얼굴에 근심이 서린 분을 뵌 적이 있습니다. 여동생은 살림이 어렵다고, 남동생은 사업자금이 부족하다며 수시로 돈을 부탁한다고 합니다. 마음이 너그럽고 약한 언니는 동생에게 생활비를 건네고, 누나로서 남동생에게는 이번이 마지막이라면서 번번이 사업자금을 대주다 밑 빠진 독에 물 붓는 형국이 되었습니다. 급기야 남편이 이 사실을 알게 되면서 문제가 불거졌습니다. 그런데 동생들은 그런 상황이 되자 나 몰라라 했습니다. 얼마나 화가 나고 서운했던지 이분은 병까지 얻고 말았습니다. 다 소용없다는 생각이 들면서 아는 사람 중에 동생들을 자기처럼 돕는 사람이 있으면 따라다니며 말리겠다고 합니다.

매달 한 번, 관계에서 상처받은 사람들이 모여 서로를 위로하고 해결법을 찾아보는 붕대클럽에서 '남보다 못한 형제, 어찌하오리까?'를 주제로 50여 분이 모여, 은혜 모르는 형제들을 향한 성토대회를 한 적이 있습니다. 난상토론과 한숨이 오간 끝에 나온 결론은 한 가지였습니다. 처음 시작은 고마움이지만 마무리는 섭섭함이라는 거지요. 그런데 이런 형제간에 돈이 오가는 문제를 해결할 방법은 찾기가 어려웠습니다. 돈과 형제의 정이 얽히다 보니 해결이 힘들어 보였습니다. 그때 은행에 오래 계셨다는 분이 자신이 발견했다는 방법이 있다며 말씀하셨습니다. 자신뿐 아니라 은행 고객 중에도 이런 고충을 하소연하는 분을 여럿 보다 보니 자연스럽게 해결법을 고민하게 되었다고 합니다.

일단 한 푼도 주지 말아야 한다는 제안은 속이 후련하지만, 자칫 형제간의 정을 끊을 수 있는 극단적인 방법이라 권하고 싶지 않다고 했습니다. 또한 계속 주어야 한다는 제안도 결국 사이가 멀어지게 된다는 점에서 더욱 권하고 싶지 않다고 했습니다. 그래서 딱 한 번 주기를 권한다고 했습니다. 정말 딱 한 번 준다는 것이죠. 그리고 두 번 다시 주지 않는 것이 포인트라고 했습니다.

그러면 딱 한 번 얼마를 주는가, 이것이 고민이었습니다. 이분은 500만 원, 300만 원, 100만 원을 기준으로 정한다고 했습니다. 형제는 500만 원이 상한이며, 아주 절친한 친구는 300만 원, 사회에서 만나 격의 없이 지내는 사람은 100만 원이 상한이라고 했습니다. 형제가 5억을 빌려달라고 해도 500, 5천을 요구해도 500이라고 했습니다. 빌려주는 것이 아니라 주는 거다, 대신 갚지 않아도 된다, 그래도 받겠느냐고 되묻는다는 겁니다. 돈이 급한 형제나 지인은 그 돈이라도 받으려고 한다지요. 그러면 못을 단단히 박으라는 겁니다. 이번 한 번뿐이라고요. 그리고 정말 어떤 경우라도 그 뒤에는 돈을 주지 않아야 한다고 했습니다.

당신께서도 이 방법을 쓴 후 형제도 가까운 지인도 잃지 않고 지금까지 잘 지내고 있다는 이야기를 마무리로 보탰습니다. 모든 사람이 이분의 기준으로 할 필요는 없습니다. 처지와 형편이 다를 테니까요. 하지만 사람도 잃지 않고 돈에서도 큰 손실을 보지 않는 방법으로 딱 한 번, 내가 정해둔 기준으로 준다는 원칙은 형제간 돈 문제로 골머리를 앓는 분들에게 적지 않은 도움이 될 것입니다.

형제가 모두 골고루 잘살아서 서로 아쉬운 소리할 필요가 없다면 무슨 문제가 있겠습니까. 그런데 같은 부모에게서 태어난 형제라도 서로 사는 형편이 다르다 보니 이런저런 부탁할 일도 생기고 그 와중에 의존하는 형제도 생기는 것 아니겠습니까. 그럴 때 너무 야박하게도 하지 말고, 너무 경계 없이도 하지 말고 일정한 기준을 가지고 대하는 지혜를 발휘하는 것이 남보다 못한 형제를 남보다 나은 형제로 만드는 길이 될 수도 있겠습니다.

조금만 더, 이제 그만

 네덜란드 속담 가운데 '많이 가진 사람은 있어도 충분히 가진 사람은 없다'는 말이 있습니다. 사람 욕심이 끝이 없다는 말이지요. 사람의 욕심은 끝이 없고 불평은 한이 없는 법입니다. 욕심은 늘 '더, 더'를 외치고, 불평은 '그만, 그만'을 외칩니다. 그런데 우리 삶은 욕심을 더 부리기는 어렵고, 불평거리는 더 생겨납니다. 우리가 원하는 것과 현실이 반대로 나타납니다. 여기서 우리의 고민이 시작됩니다.

 '조금만 더 볼게' '조금만 더 놀게' '조금만 더 할게' '조금만 더 먹을게' '조금만 더 있다 갈게' 몇 년째 아들에게 가장 많이 듣고 있는 말입니다. 반면 아들은 '이제 그만 봐라' '이제 그만 놀아' '이제 그만해' '이제 그만 먹어' '이제 그만 와'라는 말을 가장 많이 듣고 있습니다. 그런데 몇 년째 같은 소리가 순환만 될 뿐 멈추지 않는 걸 보면, '조금만'의 천적은 '이제 그만'인 것 같습니다.

우리 삶에서 우리를 힘들게 하는 것 두 가지는 욕망과 고통입니다. 욕망은 충족되지 않으니 계속하기를 원하는 속성이 있고, 고통은 충분하니 그만 멈추기를 원하는 속성이 있습니다. 불가에서 말하는 인생의 네 가지 어려움 가운데 첫 번째는 애별리고(愛別離苦)이고, 두 번째는 원증회고(怨憎會苦)입니다. 애별리고는 사랑하는 사람을 계속 보고 싶은 욕망을 충족하지 못하는 어려움이니 욕망에 관한 이야기입니다. 원증회고는 미워하는 사람을 그만 보고 싶은데 계속 보아야 하는 어려움이니 고통에 대한 이야기입니다. 세상만사 뜻대로 안 된다는 말은, 욕망은 채우기 어렵고 고통은 멈추기 어렵다는 이야기입니다.

즐거움은 계속 반복하기를 원합니다. 중독은 반복하기를 원하는 마음이 나를 이끄는 상태입니다. 나의 의지보다 반복하려는 충동이 더 강하기 때문에 내 행동이 멈추려는 의지에 따르는 것이 아니라 반복하려는 충동을 따른다는 것이지요. 아들이 계속 텔레비전 오락 프로그램을 보려고 할 때, 게임을 계속 하려고 할 때, 텔레비전과 게임은 약한 중독입니다. 조금씩 중독되는 아들을 보며 '이제 그만'이라는 말로 막으려는 저 자신이 무력하게 느껴지곤 합니다. 그때 정말 화가 나는 건, 그럼 뭘 하나요라는 아들의 말에 뾰족한 대안이 없다는 것입니다. 책을 보라고 하고 아들이 보아야 하는 책을 보면, 제가 보아도 텔레비전 오락 프로그램보다 재미가 없고 게임보다 훨씬 시시합니다. 더구나 학교 숙제나 학원 과제를 살펴보면 그야말로 고통 그 자체입니다.

　학교 숙제가 괴롭고 학원 과제가 힘들어 오락 프로그램을 보고 재미를 느끼고, 게임을 하며 즐거움을 느끼려는 아이는 정상이라고 할 수밖에 없습니다. 재미가 없고 즐거움이 사라진 아이는 삶의 대부분을 잃은 아이일 수밖에 없습니다. 친구를 잃고 놀이터를 잃은 아이가 친구 대신, 놀이터 대신 텔레비전과 게임 외에 달리 찾을 대안이 없습니다. 이것이 요즘 제 아들뿐 아니라 대부분 도시 아이들이 처한 막막한 현실입니다.

　예전에 학교에서 정년퇴임한 아버지는 담배를 끊기로 결심했습니다. 평생 피우시던 담배를 끊는다는 게 여간 어려운 일이 아니었습니다. 아버지는 매일 볶은 콩을 담배 대신 한 움큼씩 드셨습니다. 드시는 모습을 볼 때면 제 마음이 괴로웠습니다. 무슨 약을 드시는 듯한 표정으로 콩을 드셨습니다. 즐겁게 콩을 드시면서 담배를 끊었다면 보는 아들도 즐거웠으련만 그렇게 괴로운 표정으로 콩을 드시니 아버지가 불쌍해 보였습니다. 담배의 대안은 콩이 아니구나 하는 것이 그때 배운 교훈입니다. 뾰족한 대안이 없다는 것은 무척 당혹스러운 발견이었습니다.

　아들의 즐거움을 대체할 만한 대안이 없다는 것, 아버지의 담배를 대체할 만한 대안이 없다는 것은 '이제 그만'으로는 정말 그만두게 할 수 없다는 것을 말해줍니다. 현실이 힘들고 어려울수록 아들들의 게임도, 아버지들의 담배도 더 늘 수밖에 없습니다. 그것은 계속 반복되는 경로를 밟게 됩니다. 요즘 아이들이 게임과 인터넷에 중독되어 가는 것은 아이들이 처한 환경이 몹시 재미없기 때문입니다. 어른들의 술과 담배가 늘어가는 것은 어른들이 처한 환경이 몹시 힘들기 때문입니다. 그런 결과를 없애라고 요구하는 것은 아이와 어른의 입장에서 곤혹스러울 수 있습니다.

몇 년간 아들과 '조금만 더'와 '이제 그만'의 전쟁을 반복했는데, 저는 이제 반성을 하기 시작했습니다. 아버지로서 이제 그만이라는 말 대신 무엇을 해왔던가 반성이 된 것이죠. 재미있게 해주는 학교나 학원이 아니라면, 재미있게 놀아주는 아버지는 되었나 하고 말이지요. 아빠, 조금만 더 같이 놀아줘요 하던 아이의 말이 이제야 가슴에서 들렸나 봅니다.

보는 것과 하는 건 다르다

살면서 이런저런 착각을 합니다. 그중 하나는 보는 것을 하는 것으로 착각하는 것입니다. 단지 눈으로 봤을 뿐인데 실제 자신이 할 수 있다고 착각하는 것이죠. 네팔에 전해오는 속담 중에 '둑에 앉아 구경한 놈이 잡은 고기 반을 달라고 한다'는 말이 있습니다. 구경만 했는데 같이 했다고 착각하는 사람은 어디에나 있나 봅니다.

아인슈타인과 관련된 일화 중에 그의 운전기사에 대한 이야기가 있습니다. 매번 강연장으로 아인슈타인을 모셨고 기다리는 동안 강연을 듣다 보니 결국 다 외울 정도가 됐다고 합니다. 어느 날 운전기사가 아인슈타인에게 말했습니다. 제가 박사님 강의를 해도 똑같이 할 수 있을 것 같다고 말이죠. 그러자 장난기 많은 아인슈타인이 그럼 이번 강의는 당신이 해보라고 했습니다. 그러고 정말로 운전기사가 강의를 했습니다. 당시로서는 아인슈타인의 외모를 자세히 몰랐던 물리학 전공자들은 감탄하며 들었습니다. 강의를 마친 그에게 한 물리학자가 어려운 질문을 했습니다. 그러자 운전기사가 이렇게 답했습니다. "그런 간단한 문제는 제 운전기사도 답할 수 있을 것 같군요." 그제야 진짜 아인슈타인이 강단에 올라 질문에 답했다고 합니다.

아인슈타인의 장난기와 운전기사의 재치가 어우러진 유쾌한 이야기로 들립니다. 또한 구경꾼으로서 능력이 미치는 한계도 분명히 보여줍니다. 운전기사는 아인슈타인의 천재적인 능력을 가지게 된 것이 아닙니다. 그랬다면 질문에도 막힘없이 대답했을 것입니다. 그는 내용을 앵무새처럼 되풀이할 수 있는 능력만 가졌을 뿐입니다. 보는 것과 하는 것은 전혀 다른 영역입니다. 그런데 현실에서 사람들은 한 걸음 더 나아가 자신이 할 수 있다는 착각을 하곤 합니다.

어릴 적 제가 살던 시골에서는 소를 상품으로 주는 씨름대회가 우시장 근처에서 열리곤 했습니다. 대회가 열리면 사람들이 구름처럼 몰려들었습니다. 씨름판에서는 두 유형의 사람들로 나뉘었습니다. 당연히 씨름꾼과 구경꾼입니다. 시합에 더 흥분하고, 더 많은 기술을 구사할 것 같은 사람은 언제나 씨름꾼보다 구경꾼이었습니다. 어린 시절에 저는 구경꾼들의 훈수와 탄식을 들으면서 이렇게 잘 아는 사람들이 시합에 나가면 더 잘할 텐데 싶었습니다. 지금 생각해보니 목청이 터져라 이래라 저래라 소리치던 구경꾼이 시합에 나갔다면 몇 초도 못 버티고 쓰러졌을 것 같습니다.

가끔 인문교양 강좌에 가보면 쉬는 시간이나 마치고 나서 강사에 대한 비판이 장난이 아니다 싶을 때가 있습니다. 초반 임팩트가 약하다느니 예화가 식상하다느니, 결론이 모호하다는 이야기를 하는데 자못 진지했습니다. 그런 예리한 평가를 하는 사람을 보는 눈들에는 선망이 담겨 있었습니다. 강사보다 강의를 더 잘할 것 같다는 기대가 담긴 것 같았습니다. 저는 속으로 생각했습니다. '그러는 당신이 강단 위로 한번 올라가 보시죠. 말과는 다를지도 모릅니다.' 눈으로 흠을 잡기는 쉽고 신이 납니다. 그렇다고 자신이 그것을 직접 할 수 있는 실력을 갖추었다는 말은 아닙니다. 그런데도 점점 자신이 할 수 있다는 착각이 드는 게 사람의 마음입니다.

제가 상담을 하는 중에 참관하는 분들이 있습니다. 상담 내용에 가차 없는 비판을 하는 것은 참관자의 역할이죠. 조목조목 잘못 진행한 부분을 지적해주시는데, 귀담아 들을 이야기가 많아 고마움을 느낍니다. 그런데 어떤 경우에는 너무 꿈같고 이상적인 요구를 들을 때도 있습니다. 한번은 참관하던 분 중 한 분이 실제로 상담을 맡게 되었다고 저에게 자랑하셨습니다. 표정에서 자신감이 넘쳐 보였습니다. 제가 하던 상담도 자주 참관하셨고 일목요연하게 평가하던 분이었습니다. 그분의 자신감이 실제 상담에서도 그대로 이어지기를 바랐습니다.

다음 주 상담을 마치고 온 이분의 표정이 좋지 않았습니다. 잔뜩 풀이 죽어 있었습니다. 선생님 하실 때는 쉬워 보였는데 막상 해보니 아무것도 뜻대로 안 되어 죽을 맛이었다고 고백했습니다. 선생님에게 미안하고 자신에게 부끄러워 고개를 들 수 없는 며칠을 보냈다고 했습니다. 자신은 볼 수만 있었는데 할 수 있다고 착각했고, 더 잘할 수 있다는 교만한 마음을 가졌던 것 같다고 했습니다. 저는 이분이 이제야 상담을 잘할 수 있는 첫 번째 마음을 가졌다고 느꼈습니다.

구경꾼에게는 역사가 없다는 속담이 있습니다. 역사의 한 페이지 한 페이지를 써내려가는 것은 구경꾼이 아니라 실제 그 일을 하는 사람입니다. 이분 역시 자신이 한 명의 관객이었다는 현실을 직시해본 경험을 하셨던 것이죠. 많은 착각과 오만이 직접 해보지 않아서 생기기도 합니다. 관찰도 그 나름의 중요한 역할이 있지만, 자신이 원하는 일이라면 참여해볼 것을 권유합니다. 다른 것은 몰라도 자신의 인생에서는 구경꾼이 될 수 없으니까요.

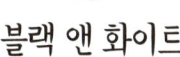

블랙 앤 화이트

'왜 아이를 때렸나요?'

'내 자식이니까요.'

'그러니까 때리지 않아야 하는 거 아닌가요?'

둘 다 말 속에 자식이 들어가지만 의미는 정반대입니다. 가족을 색깔로 나누어본다면 어둠을 나타내는 블랙패밀리와 밝음을 나타내는 화이트패밀리로 나눌 수 있을 것 같습니다. 자식이니까 내 마음대로 할 수 있다, 아내니까 내 말을 들어야 한다, 남편이니까 희생해야 한다는 생각을 가지고 사는 가족을 블랙패밀리라고 한다면, 자식이니까 뜻을 존중해주어야 한다, 아내니까 동등하게 지내야 한다, 남편이니까 공평하게 지내야 한다는 생각을 가진 가족은 화이트패밀리입니다.

미국에서 교포의 집에 머물렀던 분이 겪은 일이라고 합니다. 한인

노부부가 살고 있었는데 머리가 희끗희끗한 남편이 아내를 돕고, 운전사 노릇, 파티 준비, 뒷정리를 하는 등 외조를 지극정성으로 하더랍니다. 한국으로 돌아오는 길에 그 모습을 보고 감동받았다는 이야기를 하자 남편 분이 그러셨답니다. "만약 길을 가다가 어떤 여인이 머리에 무거운 짐을 이고, 등에 아이를 업고, 한 손에는 큰 가방을 들고 다른 손에는 어린아이 손을 잡은 채 가고 있다면 선생님은 어떻게 하시겠습니까. 당연히 다가가서 가방이라도 좀 들어드리려고 하지 않겠습니까. 낯선 사람을 봐도 그렇게 도와주게 되는데 하물며 평생을 같이 살면서 온갖 짐과 어려움을 겪는 아내에게 잘해주는 것은 당연한 것 아니겠습니까. 저는 그렇게 하지 않는 남편이 오히려 이상하다고 생각합니다." 이 말에 더 감동을 받으셨다고 합니다.

고생하는 내 아내니까 남편인 내가 하는 것은 당연하다는 말씀이 지극히 건강하고 정상적입니다. 그런데 그것이 감동으로 다가오는 까닭이 어디에 있겠습니까. 그것은 어린 시절부터 우리가 보고 배운 것이 이런 가르침이 아니었기 때문입니다. 우리가 보면서 배운 것은 오히려 블랙패밀리의 태도, 즉 부모니까 자식에게 마음대로 할 수 있고, 남자니까 여자에게 함부로 할 수 있다는 것이었습니다. 그러다 보니 아내가 고생하는 것을 보면서도 당연하다 생각하여 도울 생각은커녕 조금만 부족하다 싶으면 닦달을 하는 행동이 일상화되었던 것이지요.

상담을 하며 느끼는 것은 세월이 흐르면서 이런 가부장적이고 권위적인 아버지, 남편의 모습이 많이 줄고 있다는 것입니다. 한편 새로운 걱정이 하나 생기고 있습니다. 그건 남성의 권위가 약해진다고 자동으로 화이트패밀리가 될 수 있을까 하는 걱정입니다.

몇 년간 산속 작은 암자에서 지낸 적이 있습니다. 그곳으로 부모님과 절의 인연으로, 자녀들인 대학생 일곱 명이 1박 2일 여행을 왔습니다. 절의 맑은 공기를 마시고 가볍게 산책도 하고 저녁에 참나무로 캠프파이어도 하면서 즐거운 시간을 보냈습니다. 다음 날 아침에 나가 보니 여학생 세 명이 마당에서 담소를 나누고 있는데 남학생들은 보이지 않았습니다. 어디 있나 둘러보았더니 부엌에 모여 있었습니다. 남학생들은 카레 레시피를 펼쳐놓고 카레라이스를 만든다며 부산을 떨고 있었습니다. 네 녀석 누구 하나 칼질 한 번 해본 적 없는 솜씨로 더듬거리며 감자를 깎고 카레를 푸는데 영 시원치 않았습니다. 할 줄 알면 금방 만들 것을 한 시간 넘게 끙끙거리고 있었습니다.

밖으로 나가니 여전히 여학생들은 이야기를 나누고 있었습니다. 궁금해서 카레를 만들 줄 아느냐고 물어보았습니다. 만들 줄 안다고 했습니다. 그래서 왜 같이 하지 않느냐고 물었더니, 셋이 이구동성으로 말했습니다. "아유, 선생님 바깥에 나오면 남자가 해야지 왜 여자가 해요." 저는 가벼운 충격을 받았습니다. "그래? 그럼 너희는 언제 저 아이들을 위해 뭘 해준 적이 있어?" 하고 물었더니 무슨 질문이 그러냐는 눈으로 저를 멀뚱멀뚱 쳐다보았습니다. 저는 제 생각을 말했습니다.

"얘들아, 밖에서는 여자가 음식을 하지 않고 남자가 하는 건 집에서 여자가 늘 하니까 고생하지 말라고 남자가 하는 거잖니. 부족하지만 미안한 마음에 남자가 나서서 하는 거라고 생각하는데 너희 생각은 어때? 그런데 너희는 부부도 아니고 남매도 아니고, 저 남학생들에게 무엇이라도 해준 것이 없잖아. 그렇다면 함께 하는 것이 마땅한 게 아닐까. 그리고 잘하는 친구가 주도적으로 하면서, 익숙하지 않은 친구들이 카레도 풀고 감자도 깎고 그러는 게 친구 사이 아니겠어? 너희들 여자 남자 사이 이전에 친구 사이 아니니?"

그러자 여학생들은 마지못해 부엌으로 들어갔습니다. 곧 너희들이 일러바쳤지 하면서 남학생들을 몰아세우는 소리가 바깥까지 들렸습니다. 남녀 역할을 고정해버리는 학생들의 생각이 결혼 후에도 이어지면 어찌 될까, 걱정이 한숨이 되어 나왔습니다.

그때 느낀 안타까움을 요즘에는 부부 상담을 하면서 느끼고는 합니다. 남자의 권위를 내세우는 세태도 줄고 가부장적인 모습도 사라지고 있는데, 어쩐지 부부나 부모 자녀가 이전보다 더 행복해진 것 같지는 않습니다. 그것은 블랙의 색깔이 옅어진다고 자동적으로 화이트가 되는 것은 아니기 때문입니다. 여자의 입장, 자식의 입장에서도 권리만 가지려고 할 것이 아니라 내가 남편에게 해줄 수 있는 것이 무엇인지, 자식으로서 부모의 마음을 어떻게 헤아려 행동할 것인지 스스로 생각하고 노력할 때 화이트패밀리가 될 수 있습니다. 당연한 소리 같지만 남편과 아내가 함께 애써야 평등 부부가 이루어지고,

부모와 자식이 함께 노력해야 화목한 가족이 되겠죠.

　아내니까 소중히 대해야겠다, 남편이니까 격려해야겠다, 자식이니까 존중해주어야겠다, 부모님이니까 마음 편히 해드려야겠다. 이런 생각들이 화이트패밀리를 만드는 생각입니다. 요약하면 간단합니다. '나와 가까운 존재일수록 내 마음대로 하지 않고 잘해주겠다'입니다. 블랙패밀리와 화이트패밀리는 종이 한 장 차이입니다. '당신이니까 마음대로 하겠다'와 '당신이니까 소중히 대하겠다'에서 블랙 앤 화이트가 결정됩니다. 선택은 나의 몫입니다.

직선인생 곡선인생

 저는 가정폭력으로 어려움을 겪는 분들을 상담하는 일을 하며 삽니다. 남자 상담 진행자가 드물다 보니 제가 갖춘 실력에 비해 일선 가정폭력상담소와 보호관찰소에서 상담 진행을 의뢰하는 경우가 많습니다. 가정폭력상담은 법원의 명령을 받은 분들이 마지못해 오는 특별한 상담입니다. 생업 때문인지 저녁에는 주로 사무직 종사자들이 와서 야간상담을 하고, 낮에는 자영업 위주의 분들이 와서 주간상담을 합니다. 반드시 그런 것은 아니지만 대체로 그렇습니다.
 주간상담은 꼬박 8시간 동안 이어집니다. 아침부터 저녁까지 보호관찰소에서 20여 명 남짓 다닥다닥 붙어 앉아 상담하다 보면, 진행하는 저나 받는 분들이나 지칩니다. 그렇게 낮에 주간상담이 있고 이어 야간상담이 있는 날이면 꼬박 11시간을 상담하게 되어 저도 녹초가 됩니다. 최근에는 월요일부터 금요일까지 내내 주간상담이 있었습니다. 이런 주에는 저도 사흘째 정도 되면 잠시 숨을 고르게 됩니다.

이번 주간상담에는 '선수' 여러 명이 왔습니다. 여기선 소위 물장사, 약장사, 도박장사를 하면서 돈과 여자와 술의 세계에서 화려하게 논 남자를 선수라 부르고 있습니다. 여자와 관련된 수많은 허풍 섞인 경험담, 몇 십억이 오가는 부침, 악행으로 지속된 어둠의 역사를 듣다 보면 저도 모르게 입이 떡 벌어지고 삼류 영화 속에 빠져들게 됩니다. 별천지 세상이라 듣는 것 자체가 영화의 한 장면입니다. 그 영화의 끝은 지금 과일 장사를 하며 혹은 포장마차 우동을 만들며 이런 일상이 얼마나 소중한가를 깨닫는 이야기로 마무리되곤 합니다.

어느 한 분이 들려주신 삶의 이야기는 더욱 극적이었습니다. 연예인이나 씀직한 색안경을 쓰고 왔는데, 외모에서 풍기는 소위 말하는 포스가 남달랐습니다. 한눈에도 선수구나 싶었습니다. 그런데 안경 너머로 보인 눈빛은 전혀 달랐습니다. 돌아온 탕자의 눈빛이 이랬을까요. 부드럽고 맑았습니다. 마치 안경으로는 과거의 화려함을, 눈빛으로는 지금의 소박함을 보여주는 것 같았습니다.

이분의 이야기를 들어보았습니다. 젊어 시작한 술장사, 약장사, 도박장사 20년으로 번 백억 가까운 돈을 흥청망청 쓰다 날렸고, 급기야 알코올중독으로 쓰러져 모든 것을 잃었습니다. 몇 번 자살 시도까지 했다고 합니다. 그러다 착하고 좋은 여자를 만나 가정을 이루고, 종교를 가지면서 다시는 나쁜 짓을 하지 않겠다고 아내와 스스로에게 맹세했다고 합니다. 다시 일어나 지금은 노점 과일 장사를 하며 돈 천

원의 소중함을 깊이 느끼는 분이었습니다. 돈은 몇 천 분의 일을 벌지만 이렇게 버는 돈의 가치는 못된 짓할 때보다 몇 천배 더 소중하다고 했습니다. 순간의 실수로 아내와 몸싸움을 벌여 여기에 온 자신이 참 부끄럽다며 진심이 담긴 눈물을 흘렸습니다. 배운 것이 없다며, 상담 중에 좋은 말이라 생각하는 말이 나올 때마다 수첩에 꼭꼭 눌러 적곤 했습니다. 진심이 느껴져 저도 마음이 찡했습니다.

주간에 오는 분들과 야간에 오는 분들, 이렇게 성격이 많이 달라 보이는 분들의 이야기를 오랜 세월 듣다 보니, 어쩔 수 없이 인생에는 두 개의 깨달음의 길이 있다고 느끼게 됩니다. 하나는 곧게 살아가는 직선의 길입니다. 부모 말 잘 듣고 학교 성실히 다녀 소위 일직선으로 살아간 사람들이 양심에 어긋난 짓 하지 않고 인생이란 무엇인가를 궁구하여 깨닫는 길입니다. 다른 하나의 길은 구불구불 살아가는 곡선의 길입니다. 부모 복도 없고 세상 복도 없어서 밑바닥부터 가장 화려한 꼭대기까지, 양심과 반대된 방탕과 범죄의 길을 다니며 어둠 속에서 살아온 사람들이 나이가 들고 바닥을 맛본 후 인생이란 무엇인가를 궁구하여 깨닫는 길입니다.

저녁 상담에서는 주로 직선으로 가다 깨달음에 이르지 못해 좌절한 사람들을 만나고, 낮 상담에서는 곡선으로 가다 깨달음에 이르지 못해 좌절한 사람들을 만나고는 합니다. 그러다 이번처럼 뉘우치며 깨달음에 이른 곡선 인생들을 만나면 반갑고 놀랍습니다.

주관적인 견해지만, 길지 않은 제 상담 경험에 의하면, 직선으로 깨달은 사람은 근사한 모습을 보이기는 해도 절실함이 모자라고 삶에 투영된 깨달음이 얕아 보이기도 합니다. 이에 비해 곡선으로 깨달은 사람은 투박하지만 간절하고 삶에 투영된 깨달음이 깊어 보입니다. 투박하고 간결한 한마디에는 직선이 이르지 못할 깊은 감동이 있습니다.

'허허, 그렇게 번 돈은 그렇게 나갑디다.'

사흘간 들은 부박한 삶들의 투박한 깨침들이 제 가슴을 울렁이게 합니다. 깨달음을 전하는 말의 향연보다, 삶에 깨지면서 배운 땀내 나는 담박한 말들에 더 끌렸습니다. 직선에서 만나든 곡선에서 만나든 스스로 깨달으려 하지 않는다면 그것이야말로 악이 아닐까요. 그래서 소크라테스는 무지가 악이라 했고, 싯다르타는 번뇌의 근원은 무명(無明)이라 했습니다.

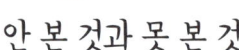

안 본 것과 못 본 것

 아무렇지 않게 넘기던 일이 중요한 일이 될 때가 있습니다. 예전에는 대수롭지 않게 여기거나 괜찮다고 생각했던 일이 이제는 마음에 걸리는 것이지요.
 어린 시절 저희 집은 초등학교 선생님이었던 아버지 혼자 벌어 오 남매를 공부시켜야 했던 집이라 돈이 궁한 날이 많았습니다. 집에 돈이 없으니 어린 마음에도 부모님이나 형, 누나에게 먹고 싶은 것, 사고 싶은 걸 말하기 어려웠습니다. 제가 중학생이 되었을 때 형은 막 군대를 다녀와 대학교에서 시험 채점 아르바이트를 시작했습니다. 적은 돈이지만 자기 용돈을 마련하던 기특한 복학생이었지요. 이런 형이 더 대단하다고 느껴졌던 건 이야기하지 않았는데도 불구하고 힘든 저의 마음을 족집게처럼 알아낸다는 것이었습니다.
 배고픈 날이 여러 날 이어진다 싶으면 먹을 걸 사주었고, 신발 밑

창이 떨어져서 새로 신발을 사야겠다 싶으면 귀신처럼 형이 신발 사러 가자고 했습니다. 우리 형은 귀신인가 보다 했습니다. 얼마 지나지 않아 학교에서 평소보다 일찍 돌아온 날, 형이 제 책상에서 일기장을 꺼내 읽고 있는 걸 우연히 보았습니다. 뭔가 이건 아니라는 생각이 들었습니다. 지금껏 받았던 신발이며 먹을 것들이 마냥 고마운 게 아니라 아무 허락도 없이 내 마음을 검열한 결과라는 걸 알게 되자 기분이 나빠졌습니다. 그 후로 일기를 쓰면 옷장이나 이불 속에 감추었습니다. 그런데 형은 귀신처럼 잘도 찾아냈습니다. 넣어둔 각도가 매번 조금씩 달랐기 때문에 저는 형이 이번에도 기어이 찾아서 보았다는 것을 알 수 있었습니다. 지금 같으면 형에게 이건 옳지 않아, 내 일기장 보지 말라고 요구했겠지만 그때는 나이 차이가 많은 형이 삼촌이나 부모 같아서 감히 그런 요구를 할 수 없었고 속으로만 끙끙 앓았습니다.

고민하던 저는 꾀를 냈습니다. 부끄러운 일은 일기장에 쓰지 않고 가지고 싶은 것, 먹고 싶은 것, 하고 싶은 것만 골라 일기에 썼습니다. 한동안 그것을 채워주던 형도 이상하다는 낌새를 느꼈는지 더 이상 일기장에 적어놓은 것들을 채워주지 않았습니다. 아르바이트로 번 돈도 바닥이 났을 것입니다. 지금도 형이 제 일기장을 몰래 보았다는 사실을 알고 느꼈던 수치심을 기억하는 걸 보면, 형이 저에게 한 일은 아무리 형제 사이라도 해서는 안 될 일이었습니다.

초등학교 3학년 때까지 일기장을 보여주던 아들이 4학년이 되자 보여주지 않기 시작했습니다. 어린 시절에 형이 제 일기장을 보던 일이 떠올랐습니다. 아들에게 말했습니다. "네가 무엇을 쓰든 아빠는 네 일기장을 보지 않을게. 안심하고 네가 쓰고 싶은 걸 써." 아들은 씨익 웃으며 고맙다고 했습니다. 순간 형은 왜 그때 그렇게 내 일기장을 보려 했을까 궁금해졌습니다. 아마 형은 별로 큰 잘못이 아니라고 생각한 것 같습니다. 형으로서 귀여운 동생의 어려움을 알아내 도와주는 것이 더 중요하다고 생각했을 것입니다. 그래서 별다른 양심의 가책 없이 동생의 일기장을 읽었겠지요.

만약 지금 제가 중학생이고, 형이 대학생이라면 형은 제 일기장을 읽었을까요? 그리고 저는 그런 형에게 아무 항의도 못 했을까요? 둘 다 아닐 것 같습니다. 형도 감히 읽을 생각을 못 했을 테고, 그런 일이 있다면 저도 가만히 있지 않았을 것입니다. 그건 그동안 우리가 개인의 권리의식을 점점 더 중요하게 여기게 되었기 때문일 것입니다. 지금은 가족이라는 이유만으로 가족 구성원에게 함부로 할 수 없다는 의식이 사회 전반에 널리 받아들여지는 세상이 되었습니다. 아내가 원하지 않을 때 일방적으로 성관계를 가지면 부부강간으로 처벌당한다는 법을 옛날 남편들은 상상도 할 수 없었을 것입니다. 부모나 자녀를 학대하면 누구라도 신고할 수 있고, 가해자인 부모는 법석으로 처벌받을 수 있다는 사실을 알게 되면 옛날의 부부나 부모는 이해할 수 없다고 했을 것입니다. 개인정보는 어떠한 경우에도 당사자 동의 없이 알아내려고 해서는 안 된다는 것이 상식이 된 사회에 우리가 살고 있습니다.

　모두가 먹고사는 것이 힘들었던 시절에는 가족 간에 개인의 권리는 사치스러운 소리였을 수 있습니다. 우선 굶주림을 면하는 것이 급선무였으니까요. 급하게 달리면 안 보는 것이 아니라 못 보게 마련입니다. 자동차로 고속도로를 빠른 속도로 달리다 보면 옆 풍경들이 사라지는 것을 느낄 수 있습니다. 오직 앞길만 보이지요. 우리 가족들도 마찬가지라서 급하게 앞만 보고 달리면 정작 보아야 할 소중한 것들을 놓치곤 합니다.

　안 본 것이 아니라 못 본 것으로 우리 형을 봐주고 싶습니다. 힘든 동생을 어떻게든 도와주고 싶은 마음으로 급히 달리다 보니, 대수롭지 않게 생각하고 동생 일기장을 본 것으로 봐주렵니다. 하지만 저는 혹시 지금 급히 가느라 아내와 아들에게서 못 본 것은 없나 살펴보아야겠습니다. 먼 훗날 아들에게서 그때 아버지는 안 본 것이 아니라 못 본 것이니 봐주겠다는 소리를 듣지 않으려면 말입니다.

같은 성공 다른 격

서점에 가보면 가장 흔하게 볼 수 있는 책이 '성공'이란 글자가 들어간 책입니다. 유행가 가사를 보면 그 시대 사람들의 감정을 알 수 있듯이 책 제목을 보면 지금 사람들이 추구하는 가치를 알 수 있습니다. 지금도 우리는 성공을 간절히 바라는 마음으로 살고 있나 봅니다. 비록 내가 성공하지 못했더라도 내 자식만큼은 성공하기를 바라는 마음이 부모의 마음이기도 하고요.

그런데 우리는 긴 세월 동안 성공에 목말라 하면서도 무엇이 진짜 성공인지는 깊이 헤아려보지 못한 듯합니다. 그래서 그럴까요. 살면서 성공했다고 하는 사람들을 보면 크게 다른 두 모습을 발견할 수 있었습니다. 다른 사람에게 받으려고만 하는 모습과 다른 사람과 주고받는 모습입니다.

지금 사는 동네로 이사 와 처음 빵집에 갔던 날, 일흔은 넘어 보이는 분이 격노한 모습을 보았습니다. 카운터에서 작은 실수를 한 20대 초반 점원을 쥐 잡듯 잡고 있었습니다. "어디다 대고 말대꾸야, 말대꾸가! 시키면 시키는 대로 해야지. 야! 내가 너 같은 종업원 몇 백을 거느리는 사람이야, 알아?" 뒤에 줄 선 손님들이 난감한 표정으로 시선을 돌리고 있었습니다. 어느새 점원은 울기 시작했습니다. 노여워하는 어른의 서슬에 눌려 누구 하나 나서서 그만 좀 하시라는 말을 하지 못했습니다. 점장이 달려와 90도 허리 숙여 사과를 하고 나서야 소동은 일단락되었습니다.

몇 번이나 뒤돌아 울고 있는 점원을 노려보면서 빵 봉지를 꼭 쥐고 가던 어른의 모습이 거북했습니다. 비싼 브랜드의 번쩍이는 안경이며 명품 티셔츠를 입었던 그분은 이 동네에서도 성공한 부자 같았습니다. 왠지 성공한 사람의 대표적인 모습을 본 것 같아 마음이 무거웠습니다. 그는 다른 사람에게 늘 존경받으려는 사람이었습니다. 자신이 부를 가졌다는 이유 하나로 다른 사람이 자기를 두려워하고 자기 말을 하늘처럼 받들며 예의를 지켜야 한다고 믿는 것은 갑질로 대표되는 성공한 사람이 보이는 모습입니다.

그 빵집 옆 트럭에서는 저녁 무렵에 뻥튀기 과자를 만들어 팔았습니다. 그곳에서 할아버지와 할머니가 나란히 길을 가다 멈춰 서더니 뻥튀기 두 봉지를 샀습니다. 할아버지가 "한 봉지 더 사지"라고 하자 할머니는 빙그레 웃으며 "그래요" 하고 돈을 지불했습니다. 저는 한 봉지도 많을 텐데 정말 뻥튀기를 좋아하시는가 보다라고 생각했습니다. 두 분과 함께 횡단보도를 건너 수위실을 지날 때, 할아버지가 뻥튀기 한 봉지를 수위 아저씨들에게 정답게 건네면서 일하느라 힘드실 텐데 드시라고 했습니다. 빵집에서 화내던 분이 떠오르면서 더 인상 깊게 다가왔습니다. 할아버지가 가시고 수위 아저씨 두 분이 나누는 대화가 들렸습니다. 큰 회사의 회장님 부부신데 늘 저렇게 뭘 챙겨주신다고 했습니다. 순간 성공한 다른 모습이 무엇인지 알게 되었습니다. 그것은 내가 먼저 줌으로써 자연스럽게 존경을 받는 모습이었습니다.

　빵집에서 점원을 나무라던 어른의 성공이란 '성급한 공멸'의 줄임말이 아닐까요. 급하게 돈만 쫓아 달리다 마침내 돈을 가지게 되자 안하무인이 되어 남을 종으로 삼으려 한 것이죠. 그러다 결국 남도 고통 받고 그런 자신도 야유와 멸시를 받는 성공을 한 것입니다. 이에 비해 수위 아저씨들에게 건네던 어른의 성공이란 '성숙한 공존'의 줄임말이 아닐까요. 돈을 쫓으면서도 사람을 잃지 않으려 애썼기에, 부유해지고도 사람을 귀히 여깁니다. 결국 다른 사람에게 기쁨을 주고, 자신도 존경과 사랑을 받는 성공을 한 것입니다. 성공의 기준은 공멸인가 공존인가가 되어야 할 것 같습니다.

　성공의 모습이 다를지라도 성공을 통해 결국 얻고자 하는 것은 존경과 존중입니다. 돈과 권력을 가지고 있다는 사실만으로 존경과 존중을 받는 시대는 지났습니다. 절대적 궁핍의 시대는 지났기 때문입니다. 이제는 존경과 존중을 보일 줄 알아야 자신도 존경과 존중을 받습니다. 그것을 돈으로 사려다 실패하면 화를 내게 됩니다. 우리는 성공이란 다른 사람을 귀하게 대할 수 있는 자원을 가지는 것일 뿐이라는, 성공의 본질을 깊이 생각하지 못하고 살아왔습니다. 그래서 사람들은 성공의 방법도 찾지만 성공의 의미에도 목말라 하는 것 같습니다.

말과 마음 사이

1판 1쇄 발행 2018년 6월 5일
1판 11쇄 발행 2021년 12월 2일

지은이 이서원
펴낸이 김성구

주간 이동은
콘텐츠본부 고혁 송은하 김초록 김지용
디자인 이영민
마케팅본부 송영우 어찬 윤다영
관리 박현주

펴낸곳 (주)샘터사
등록 2001년 10월 15일 제1-2923호
주소 서울시 종로구 창경궁로35길 26 2층(03076)
전화 02-763-8965(콘텐츠본부) 02-763-8966(마케팅본부)
팩스 02-3672-1873 **이메일** book@isamtoh.com **홈페이지** www.isamtoh.com
ISBN 978-89-464-2085-4 03810

ⓒ 이서원, 2018, Printed in Korea.
이 책은 저작권법에 따라 보호를 받는 저작물이므로 무단 전재와 복제를 금지하며,
이 책 내용의 전부 또는 일부를 이용하려면 반드시 저작권자와 ㈜샘터사의 서면 동의를 받아야 합니다.

값은 뒤표지에 있습니다.
잘못 만들어진 책은 구입처에서 교환해드립니다.